Simon Schilling

Datenschutz- und Sicherheitsanforderungen im Internet der Dinge

Bibliografische Information der Deutschen Nationalbibliothek:

Die Deutsche Nationalbibliothek verzeichnet diese Publikation in der Deutschen Nationalbibliografie; detaillierte bibliografische Daten sind im Internet über http://dnb.d-nb.de abrufbar.

Impressum:

Copyright © Studylab 2018

Ein Imprint der Open Publishing GmbH, München

Druck und Bindung: Books on Demand GmbH, Norderstedt, Germany

Coverbild: Open Publishing GmbH | Freepik.com | Flaticon.com | ei8htz

Inhaltsverzeichnis

Zusammenfassung

Das Internet der Dinge (engl: Internet of Things, Kurzform: IoT) stellt eine Zukunftsvision des Internets dar, in der Benutzer, Computer und „Dinge" durch zentral verwaltete Sensoren und Aktoren bequem, automatisiert und ohne Bedienungsschwierigkeiten wirtschaftlich zusammenarbeiten. Diese „Dinge" umfassen schon bald mehrere Milliarden von Geräten und Diensten – zu finden an Produkten und Maschinen als Sensoren sowie bei Menschen z.B. als Wearables – zur Verbreitung und Verarbeitung von Informationen und Daten aller Art. Neue und bestehende Kommunikationsmodelle werden unter Berücksichtigung der informationsverarbeitenden Infrastrukturen zur Datenerfassung erweitert und entwickelt. Diese müssen in der Lage sein, die erforderliche Leistungsfähigkeit und Zuverlässigkeit für die Verarbeitung und den Transport einer enormen Masse an Daten und Informationen zu gewährleisten. Da durch die Verarbeitung von wirtschaftlich relevanten, sowie personenbezogenen Daten und Informationen, die Kriterien Datenschutz und Sicherheit essentielle Anforderungen für IoT-Anwendungen darstellen, müssen ebenfalls Mechanismen für einen ausreichenden Schutz der eingesetzten Technologien und Kommunikationsmethoden für IoT implementiert werden. Eine vertrauenswürdige, effiziente und wirtschaftlich effektive Sicherheit, sowie die Wahrung der Privatsphäre aller beteiligten Geräte, Dienste und Personen sind deshalb unabdingbar, um die Vertraulichkeit und Integrität der gesammelten Daten gewährleisten zu können.

Schlüsselwörter

Internet der Dinge – Internet of Things – IoT – Sicherheit – Privatsphäre – Datenschutz – Architektur

Abkürzungsverzeichnis

ABAC	Attribute Based Access Control
AES	Advanced Encryption Standard
AIOTI	Alliance for Internet of Things Innovation
API	Application Programming Interface
ARD	Arbeitsgemeinschaft der öffentlich-rechtlichen und funkanstalten der Bundesrepublik Deutschland
AWS	Amazon Web Services
B2B2C	Business to Business to Customer
BDM	FIWARE Backend Device Management
BI	Business Intelligence
CDI	Connected Device Interface
CE	FIWARE Cloud Edge
CEP	FIWARE Complex Event Processing
D2D	Device to Device
DDoS	Distrubuted Denial of Service
EU	Europäische Union
FI-PPP	Future Internet Public Private Partnership
FP7	Future Project 7
GE	FIWARE Generic Enabler
GUI	Graphical User Interface
GVO	Generic Virtual Object
HP	Hewlett & Packard
HTTP	Hypertext Transfer Protocol
HTTPS	Hypertext Transfer Protocol Secure
IDC	IoT Device Composition & Discovery
IEC	International Electrotechnical Commission
IEEE	Institute of Electrical and Electronics Engineers

IETF	Internet Engineering Task Force
I2ND	FIWARE Interface to Networks and Devices
IdA	FIWARE Identity Agent
IdM	Identity Management
IoT	Internet of Things
IOTG	Internet of Things Group
IPv4	Internet Protocol Version 4
IPv6	Internet Protocol Version 6
ISO	International Organization for Standardization
IT	Informationstechnik
JSON	JavaScript Object Notation
KEM	Key Exchange Management
M2M	Machine to Machine
MAC	Media Access Control
MIT	Massachusetts Institute of Technology
MQTT	Message Queue Telemetry Transport
NEIC	Network Information Control
NFC	Near Field Communication
NSGI	Network Security Group Inc.
PC	Personal Computer
PDP	Policy Decision Point
PEP	Policy Enforcement Point
PII	Personenidentifizierende Informationen
PKI	Public Key Infrastructure
PRP	Policy Retrieval Point
QoS	Quality of Service
RD	RERUM Device
REST	Representational State Transfer

RFID	Radio Frequency Indentification
RG	RERUM Gateway
RMW	RERUM Middleware
S3C	FIWARE Service Capability Connectivity Control
SIP	Session Initiation Protocol
SPOF	Single Point of Failure
SPT	RERUM Security Privacy Trust
SSL	Secure Sockets Layer
TLS	Transport Layer Security
VE	Virtuelle Entität
VRD	Virtual RERUM Device
WLAN	Wireless Local Area Network
WSN	Wireless Sensor Network
XML	Extended Markup Language
ZDF	Zweites Deutsches Fernsehen

Glossar

Begriff	Definition
6LoWPAN	Mittels 6LoWPAN (engl.: IPv6 over Low-Power Wireless Personal Area Networks) wird die Nutzung von IPv6 auch für kleinste Geräte mit beschränkten Energie- oder Verarbeitungsressourcen möglich.[1]
ABAC	ABAC (engl.: attribute-based access-control) beschreibt ein Zugriffsverfahren unter Anwendung von Sicherheitsregeln, welches auf Attributen eines Benutzers oder Systems basiert.[2]
API	Eine API (engl.: Application Programming Interface) ist eine Programmierschnittstelle, über die eine Verbindung von einem Softwaresystem zum anderen hergestellt werden kann.[3]
BI	Unter BI (engl.: Business Intelligence) wird die Gewinnung von neuen Erkenntnissen hinsichtlich der Unternehmensziele mittels IT-Systemen verstanden, welche bessere operative und strategische Entscheidungen ermöglichen. Dazu werden gesammelte Daten ausgewertet und auf Verbesserungspotential hin analysiert.[4]
Big Data	Unter Big Data wird die Speicherung, Verarbeitung und Aggregation von Massendaten verstanden. Ebenfalls wird dieser Begriff als Synonym für den Komplex an damit verbundenen Technologien verwendet.[5]
Data Mining	Unter Data Mining wird die Anwendung statistischer Methoden auf große Datenbestände verstanden, um neue Querverbindungen zwischen den einzelnen Datensätzen herzustellen und dadurch neue Trends frühzeitig zu erkennen.[6]
DDoS	DDoS (engl.: Distributed Denial of Service) bezeichnet eine durch Unmengen von Anfragen verursachte Dienstblockade auf Serversystemen.[7]

---

[1] Vgl. Schrickte et al. (2014).

[2] Vgl. Ouaddah et al. (2017).

[3] Vgl. Dig, D., Johnson, R. (2006).

[4] Vgl. Gendron, M.S. (2014): S. 129ff.

[5] Vgl. Bitcom (2014): S. 17.

[6] Vgl. Gendron, M.S. (2014): S. 141f.

[7] Vgl. Farina et al. (2015).

IPSec	IPsec (engl.: Internet Protocol Security) stellt eine Protokoll-Suite dar, um eine gesicherte Kommunikation über potentiell unsichere Netzwerke wie das Internet gewährleisten zu können.[8]
Header	Unter einem Datenkopf (engl.: Header) werden die Zusatzinformationen eines Datenblocks verstanden, die vor den eigentlichen Nutzdaten angehängt werden. Dieser kann Daten über den Absender, Empfänger, Typ und Lebensdauer des Datenblocks oder sonstige Informationen enthalten. Je mehr Metadaten einem Datenblock anhängen, desto größer wird dieser.[9]
KEM	Unter KEM (engl.: Key Exchange Management) wird die sichere Verwaltung und Speicherung von Schlüsseln und Token in einem Krypto-System verstanden.[10]
Machine Learning	Unter Machine Learning wird die Eigenschaft von Computersystemen verstanden, mittels Algorithmen - jedoch ohne explizite Programmierung - neue Informationen zu erlernen.[11]
NFC	Unter NFC (engl.: Near Filed Communication) wird eine Protokollsuite zum kontaktlosen Austausch von Daten zwischen elektronischen Geräten verstanden.[12]
OAuth	OAuth ist ein offenes Protokoll für Web- und Mobilanwendungen mit standardisierter API-Autorisierung.[13]
PDP	Ein PDP (engl.: Policy Decision Point) wertet Zugriffsanforderungen gegen Berechtigungsrichtlinien vor der Erteilung von Zugriffsentscheidungen aus.[14]
PEP	PEP (engl.: Policy Enforcement Point) fängt die Zugriffsanforderung eines Benutzers oder Dienstes ab und leitet diese an den PDP zur Verifizierung weiter. Je nach Entscheidung des PDP wird Zugriff auf die angeforderte Ressource genehmigt oder abgelehnt.[15]

---

[8] Vgl. Kumar et al. (2016).

[9] Vgl. Tanenbaum, A.S., Wetherall, D.J. (2014): S. 32f.

[10] Vgl. Turner, D.M. (2016).

[11] Vgl. Bitcom (2014): S. 66.

[12] Vgl. NFC Forum (2017).

[13] Vgl. Sun, S.-T., Beznosov, K. (2012).

[14] Vgl. Tragos, E. (2015): S. 96.

[15] Vgl. Tragos, E. (2015): S. 96.

Performance Enhanced Proxy	Ein Performance Enhanced Proxy beschleunigt den Datenfluss auf Transportebene bei der Nutzung von mobilen Verbindungen, indem dieser die TCP-Headerdateien der Datenpakete ändert und dadurch dem Sender und Empfänger eine scheinbar hohe Leistungsqualität vermittelt.[16]
PKI	PKI (engl.: Public Key Infrastructure) verwaltet digitale Zertifikate. Hierüber können Zertifikate erstellt, verteilt und geprüft werden.[17]
Proxy	Ein Proxy tritt als Kommunikationsschnittstelle oder Vermittler auf, der Anfragen vom Sender entgegennimmt und über seine eigene Adresse eine Verbindung zum Empfänger herstellt. Dadurch werden die tatsächlichen Adressen für den jeweils anderen Kommunikationspartner verborgen. Ein Reverse-Proxy verschleiert hierbei noch die Identität des angefragten Webservers.[18]
PRP	In einem PRP (engl.: Policy Retrieval Point) werden die XACML-Zugriffsberechtigungsrichtlinien – in der Regel in einer Datenbank oder einem Dateisystem – gespeichert.[19]
RFID	RFID (engl.: Radio-Frequency Identification) bezeichnet eine Technologie für Sender-Empfänger-Systeme zur automatischen und berührungslosen Identifikation und Lokalisierung von Objekten mittels Radiowellen.[20]
SAML	SAML (engl.: Security Assertion Markup Language) ist ein Framework basierend auf XML zum Austausch von Authentifizierungs- und Autorisierungsinformationen.[21]
SHA	Unter SHA (engl.: Secure Hash Algorithm) werden standardisierte kryptographische Hashfunktionen verstanden. Dabei wird ein eindeutiger Prüfwert der Daten vor dem Senden generiert und dieser vom Empfänger beim Eintreffen der Daten hin auf Konsistenz überprüft.[22]

---

[16] Vgl. FIWARE (2016h).

[17] Vgl. Tanenbaum, A.S., Wetherall, D.J. (2014): S. 810f.

[18] Vgl. Tanenbaum, A.S., Wetherall, D.J. (2014): S. 741ff.

[19] Vgl. Tragos, E. (2015): S. 96.

[20] Vgl. Bandyopadhyay, D., Sen, J. (2011).

[21] Vgl. Ouaddah et al. (2017).

[22] Vgl. Tanenbaum, A.S., Wetherall, D.J. (2014): S. 802f.

SSO	Mittels SSO (engl.: Single Sign-On) kann ein Benutzer nach einmaliger Authentifizierung an einem System auf alle Rechner und Dienste, für die dieser lokal autorisiert ist, zugreifen, ohne sich jedes Mal neu authentifizieren zu müssen. Meldet dieser sich ab muss jedoch eine erneute Authentifizierung am System erfolgen, um SSO nutzen zu können.[23]
Southbound-API	Eine Southbound-API ist Teil einer Architektur und in den unteren Schichten angesiedelt, während die Northbound-API auf den oberen Schichten angesiedelt ist. Northbound-API sprechen über die Southbound-API direkt mit den unteren Schichten einer Architektur, ebenfalls reziprok.[24]
TLS/SSL	Unter TLS (engl.: Transport Layer Security) wird ein hybrides Verschlüsselungsprotokoll zur sicheren Datenübertragung im Internet verstanden. Die Vorgängerbezeichnung hierfür war SSL (engl: Secure Sockets Layer).[25]
Zugangs-Token	Ein Zugangs-Token stellt einen elektronischen Schlüssel dar und wird zur Identifizierung und Authentifizierung von Benutzern verwendet und ist meist Bestandteil eines Systems der Zugriffskontrolle mit Zwei-Faktor-Authentifizierung (Passwort und Token).[26]
WSN	WSN (engl.: Wireless Sensor Network) stellt ein Rechnernetz von Sensorknoten dar, welche über Funk miteinander kommunizieren.[27]
XACML	XACML (engl.: Extensible Access Control Markup Language) stellt eine auf XML-Schemata basierende Standardisierung für die Darstellung und Verarbeitung von Autorisierungsregeln dar.[28]
ZigBee	Zigbee ist eine Protokollsuite für drahtlose Netzwerke und nutzt kleine und stromsparende Radiowellen.[29]

---

[23] Vgl. Sun, S.-T., Beznosov, K. (2012).

[24] Vgl. Rouse, M. (2017).

[25] Vgl. Tanenbaum, A.S., Wetherall, D.J. (2014): S. 856f.

[26] Vgl. Owano, N. (2012).

[27] Vgl. Schrickte et al. (2014).

[28] Vgl. Ouaddah et al. (2017).

[29] Vgl. Schrickte et al. (2014).

Abbildungsverzeichnis

Tabellenverzeichnis

1 Einleitung

Dieses Kapitel gibt einen ersten Einblick in die Problemstellung des Themenkomplexes und zeigt die Eingrenzung der Thematik auf. Weiter werden die wissenschaftliche Herangehensweise und die Gliederung der Arbeit aufgezeigt.

1.1 Problemstellung

Das Internet der Dinge (engl: Internet of Things, Kurzform: IoT) vereint eine Vielzahl von Technologien mit der Vision, eine vernetzte Welt sowohl für Unternehmen als auch für Endanwender zu schaffen. Jedoch müssen eine Vielzahl von datenschutz- und sicherheitsrelevanten Anforderungen betrachtet und implementiert werden, damit IoT trotz Einhaltung von Datenschutz und Privatsphäre verwirklicht werden kann. In dieser Arbeit werden grundlegende Eigenschaften und Architekturansätze von IoT als zukunftsweisender Technologieansatz identifiziert und diskutiert und mit bevorstehenden datenschutz- und sicherheitsrelevanten Anforderungen in Bezug gesetzt. Darüber hinaus werden Aspekte und Faktoren ausgearbeitet, die zu einer sicheren Umsetzung und Nutzung dieses technologischen Ansatzes benötigt werden. Darauf gründend werden zwei dominierende IoT-Architekturen näher betrachtet und ausgewertet. Ziel ist es, Schwachstellen und Verbesserungspotentiale dieser Architekturen im Kontext der datenschutz- und sicherheitsrelevanten Anforderungen aufzuzeigen, um daraus abzuleiten, wie zukünftige Modelle sicherer gestaltet werden können.

1.2 Zielsetzung

In dieser Arbeit werden sowohl die technischen Anforderungen an IoT als auch bestehende Sicherheitsbedrohungen und offene Herausforderungen diskutiert und mit bestehenden sowie zukünftigen Fragen hinsichtlich Datenschutz, Privatsphäre und Sicherheit verglichen. Weiter befasst sich die Arbeit mit der Analyse von Referenz-Architekturmodellen im Bereich IoT und deren Mechanismen zur Sicherung der Kommunikation. Weiter wird anhand zuvor ausgewählten Kriterien dargestellt, ob die ausgewählten Architekturen diese Anforderungen erfüllen. Die zentrale Forschungsfrage ist hierbei, welche datenschutz- und sicherheitsrelevanten Faktoren im Bereich IoT implementiert werden müssen und in welcher Tiefe diese in den ausgewählten Architektur-Referenzmodellen umgesetzt wurden. Resultierend daraus ergeben sich möglicherweise offene Handlungsfelder, die im Nachgang aufgezeigt werden.

1.3 Vorgehensweise

Für eine bessere Übersicht dieser Arbeit werden technische Definitionen – wenn davon auszugehen ist, dass sie im Allgemeinen nicht bekannt sind – in einem Glossar aufgeführt und kurz erläutert. Worte und Namen, die im Glossar enthalten sind, werden beim ersten Auftreten im Text *kursiv* dargestellt. Werden Begrifflichkeiten mehrmals genannt, wird auf eine weitere folgende kursive Darstellung verzichtet. Verweise im Glossar werden zur Abgrenzung der eigentlichen Arbeit separat geführt und nummeriert.

Mittels Primärliteratur wird in Kapitel 2 eine Grundlage zur Thematik präsentiert. Sekundärliteratur (Übersichtsarbeiten/Reviews) wird verwendet, um den derzeitigen Stand der Wissenschaft in Kapitel 3 abzubilden. Dabei spielen die Aspekte IoT im Allgemeinen, IoT-Architekturen, sowie Datenschutz und Sicherheit im IoT-Umfeld eine Rolle. Ebenfalls wird Primär- sowie Sekundärliteratur verwendet, um das IoT-Framework in Kapitel 4 zu beschreiben. Zur Ausarbeitung der datenschutz- und sicherheitsrelevanten Faktoren in Kapitel 5 wird auf Primär- und Sekundärliteratur zurückgegriffen, um die neuesten Erkenntnisse im Themenkomplex mit einzubinden. Dazu werden alle relevanten Informationen gesammelt und strukturiert aufgearbeitet, um eine Basis für den systematischen Vergleich der Referenzmodelle in Bezug auf datenschutz- und sicherheitsrelevante Faktoren in Kapitel 6 gewährleisten zu können. Weiter werden in Kapitel 6 zwei Referenz-Architekturen herangezogen und angesichts der zuvor definierten Aspekte beschrieben. Die Referenz-Architekturen werden:

a. nach dem Gesichtspunkt Open-Source ausgewählt, da dieser eine hohe Wiederverwendbarkeit erwarten lässt,

b. anhand der Beteiligung eines EU-Förderprogrammes ausgewählt, da hier viele renommierte Institutionen und Unternehmen beteiligt sind und somit von einer hohen allgemeinen Akzeptanz ausgegangen werden kann,

c. nach hohem Implementierungsgrad von datenschutz- und sicherheitsrelevanten Anforderungen innerhalb des Architekturmodells ausgewählt.

Dabei wird ebenfalls ein kurzer Überblick zum Aufbau und zur Verwendbarkeit dieser Architekturen gegeben. Hiernach werden in Kapitel 7 die Referenz-Architekturen mit den zuvor strukturierten datenschutz- und sicherheitsrelevanten Anforderungen verglichen. Die Beschreibung und der Vergleich geschehen hauptsächlich anhand bestehender Dokumentation der Modelle. Zur Beschreibung des FIWARE-Frameworks wird hierzu auf das im Internet online verfügbare

FIWARE-Wiki sowie FIWARE-GitHub zurückgegriffen, da keine schriftliche Dokumentation in Druckform vorliegt.

In Kapitel 8 folgt eine Zusammenfassung der in Kapitel 6 und Kapitel 7 ausgearbeiteten Ergebnisse. Zur besseren Übersicht werden die betrachteten Referenz-Architekturen und deren architektonische Ansätze, sowie die Umsetzung der datenschutz- und sicherheitsrelevanten Anforderungen jeweils in einer eigenen Tabelle verglichen. Die Kollation wird dabei auf Grundlage einer Ordinalskala durchgeführt, da diese im Unterschied zu technischen und wirtschaftlichen Messgrößen besonders geeignet ist, um eine erste Ordnung für einen beurteilungsfähigen Vergleich darzustellen. Auf Basis einer reinen Literaturrecherche ist zum jetzigen Zeitpunkt ein anderes Bewertungsverfahren (z.B. Scoring) nicht valide genug, um die Ordinalskala noch weiter abzustufen oder um reale und verlässliche Messungen für eine Kardinalskala zu bestimmen. Dabei wird die Bewertung in Tabelle 2 mittels Ja/Nein-Abstufung vorgenommen, um einen direkten Vergleich der ausgewählten Architekturmodelle aufzeigen zu können. In Tabelle 3 hingegen wird eine Abstufung in vorhanden/teilweise vorhanden/nicht vorhanden realisiert, da hier eine reine Ja/Nein-Reflexion den ausgearbeiteten Konsens nicht deutlich genug widerspiegelt. In Kapitel 9 werden die ausgearbeiteten Punkte kritisch reflektiert und ein abschließendes Fazit gezogen.

2 Grundlagen

In diesem Kapitel werden grundlegende Begriffe der Thematik erklärt, um ein erstes Verständnis für einen tieferen Einstieg in den Themenkomplex in den darauffolgenden Kapiteln vorzubereiten.

2.1 Das Internet der Dinge (IoT)

Das Internet als Verbund von Rechnernetzwerken und autonomen Systemen hat unser Leben in den letzten Jahren drastisch verändert. Durch die Nutzung von E-Commerce-Plattformen, sozialen Netzwerken, Web 2.0 und dem nahezu von überall möglichen mobilen Internetzugriff ist diese Kommunikationsform ein fester Bestandteil in unserem alltäglichen Leben geworden. Hierüber können Informationen nicht nur abgerufen, sondern auch aktiv mitgestaltet werden.[30] Heute schon wird der Zugriff auf diese Dienste zu 66% über tragbare Endgeräte abgewickelt, wie eine Studie von ARD/ZDF 2016 ergibt – die Nutzung hat sich also in den letzten Jahren deutlich vom klassischen PC und Laptop auf das Smartphone verlagert und ist somit allgegenwärtig. Jedoch bedarf die Nutzung des Internets immer noch einer Interaktion mit einem Gerät – sei es das Smartphone oder Wearables, wie Smart-Watches, um Informationen eingeben und abrufen zu können. Dies soll sich jedoch in naher Zukunft ändern.[31]

Im Jahr 1999 schuf Kevin Ashton die Grundlage für IoT im Labor des Auto-ID-Centers am Massachusetts Institute of Technology (MIT). Ashton war einer der Pioniere mit seiner Idee, Informationen von Geräten mittels *Radio Frequency Identification (RFID)* automatisiert über das Internet zu versenden. Dieses Konzept stellte sich als zukunftsweisend heraus – wenn alle Geräte und Objekte des täglichen Lebens mit Identifikatoren und drahtloser Konnektivität ausgestattet wären, könnten diese Objekte untereinander kommunizieren und alle Informationen zentral von Computern verwaltet werden. Damit würde die Aufgabe, Daten der realen Welt manuell aufzunehmen und digital abzuspeichern, an Computer ausgelagert werden können, die anders als Menschen keiner limitierten Arbeitszeit und Aufmerksamkeitsspanne unterliegen. So wäre es möglich, beliebige Objekte jederzeit zu verfolgen und zu überwachen.[32] Dadurch kann eine hohe Pro-

---

[30] Vgl. Uckelmann et al. (2011): S. V.
[31] Vgl. ARD/ZDF-Onlinestudie (2016).
[32] Vgl. Ashton, K. (2009).

zessoptimierung erreicht und daraus resultierend erhebliche Kosten eingespart werden. Dieser Ansatz ist ein maßgeblicher Katalysator für den Durchbruch der nächsten industriellen Revolution, genannt Industrie 4.0.[33] Durch einen ständigen Informationserhalt der angebundenen Objekte können Dinge zeitsparend ersetzt, repariert oder bestellt werden und bedürfen weit weniger manueller Überprüfungen durch den Menschen. Dafür soll Objekten und Computern mittels Sensoren die Möglichkeit gegeben werden, die Welt ohne Interaktion des Menschen zu erkunden und messbar zu machen.[34]

1999 erforderte die Umsetzung dieser Vision große technologische Verbesserungen. Darüber hinaus waren einige wichtige Fragen noch nicht in Gänze geklärt. Denn wie werden Milliarden von Objekte verteilt über die ganze Welt miteinander verbunden und mittels welcher drahtlosen Kommunikationsform kann ein einfacher Informationsaustausch stattfinden? Welche Anpassungen müssen an existierende Infrastrukturen für einen sicheren Austausch von Daten vorgenommen werden? Wie wird mit dieser dem Datenschutz unterliegenden Flut an Informationen umgegangen? Und woher beziehen all diese verteilten Geräte ihre Energie?[35]

Mittlerweile sind viele dieser anfänglichen Hürden überschritten. Mit der Einführung von IPv6 wurde es möglich, den Adressraum auf Milliarden von Geräten zu erweitern – WLAN- und Mobilfunkchips werden in eine breite Palette von Geräten eingebaut. Auch die Abdeckung mit mobilen Breitbandnetzwerken hat sich in den letzten Jahren deutlich verbessert. Nach einer Prognose der Internet of Things Group (IOTG)[36] werden weltweit bis 2020 über 50 Milliarden an das Internet angeschlossene Geräte verfügbar sein.[37] Gartner geht von über 25 Milliarden intelligenten Geräten (ohne PCs, Tablets und Smartphones) bis 2020 aus.[38] Diese Zahlen zeigen einen klaren Aufwärtstrend bei der zukünftigen Nutzung von intelligenten und autonomen Geräten auf.[39]

---

[33] Vgl. Sendler et al. (2016): S. Vff.
[34] Vgl. Ashton, K. (2009).
[35] Vgl. Kumar et al. (2016).
[36] Vgl. IOTG (2017).
[37] Vgl. Evans, D. (2011): S. 2ff.
[38] Vgl. Rivera, J., van der Meulen, R. (2014).
[39] Vgl. Brandt, M. (2014).

2.2 Datenschutz- und Sicherheitsanforderungen im Bereich IoT

Gleichzeitig steigt jedoch auch die Zahl der Angriffe auf Geräte mittels *DDoS- (Distributed Denial of Service)* und Web-Applikations-Attacken von Jahr zu Jahr rapide an, wie aus einem Sicherheitsreport von Akami hervorgeht. Dabei wurde 2016 ein Anstieg von 140 Prozent gegenüber 2015 verzeichnet. Durch die immer weiterwachsende Zahl von IoT-Geräten werden diese ebenfalls vermehrt Ziel von Infiltrierungen, um sie als Teil von DDoS-Botnet-Angriffsnetzwerken auf weitere Systeme zu verwenden.[40] Hier zeichnet sich ein klares Bild ab: die intelligenten Geräte nutzen nicht immer die erforderlichen Sicherheitsmechanismen, um einen zuverlässigen Betrieb gewährleisten zu können. Laut einer Studie von Hewlett & Packard (HP) sind 70 Prozent aller IoT-Geräte anfällig für Attacken aus dem Internet und 90 Prozent dieser Geräte erfassen personalisierte Informationen des Anwenders – entweder direkt über das Gerät, über die genutzten Cloud-Komponenten oder eingebundenen mobilen Applikationen.[41]

Dabei ist der Sicherheitsaspekt eines der größten Anliegen im IoT-Umfeld. Über intelligente Geräte gesammelte Daten können persönlicher und unternehmerischer Natur sein und sollten gegen Diebstahl und Manipulation sowohl während der Übermittlung als auch während der gesamten Dauer ihrer Speicherung geschützt sein. Eine IoT-Anwendung kann bspw. Daten über den Gesundheitszustand, die Kaufgewohnheiten, die Aufenthaltsorte, durchgeführte finanzielle Transaktionen, Besitzgegenstände und Geschäftsinteraktionen einer Person über längere Zeit speichern und miteinander verknüpfen, um eine Person auch ohne Angabe des Namens zu identifizieren.[42]

Mit steigender Nutzungsrate von IoT-Geräten sind mehr und mehr Objekte mit dem Internet verbunden und sammeln damit immer mehr Informationen über ihre Nutzer. Jeden Tag werden die intelligenten Objekte zum Ziel von Angriffen, entweder zur reinen Informationsgewinnung oder zur Infiltrierung und Übernahme von kompletten Systemen. IoT-Geräte sind diesen Risiken weitaus breiter ausgesetzt als bisher genutzte internetfähige Komponenten und Dienste. Der neue technologische Ansatz von IoT erweitert das weltumspannende, klassische

---

[40]   Vgl Morton, R., Barth, T. (2017).

[41]   Vgl. HP (2014).

[42]   Vgl. Singh, S., Singh, N. (2015).

Internet mit mobilen Sensornetzwerken, die alle Geräte miteinander verknüpfen und untereinander kommunizieren lassen.[43]

Anders als das Internet wird IoT auch in hochkritischen Bereichen der Volkswirtschaft angewendet: in Krankenhäusern und in der Gesundheitsversorgung, in Energiegewinnungsanlagen wie Kernkraftwerken sowie in weiteren öffentlichen Infrastrukturen, wie Ampelanlagen und Parkplatzüberwachungssystemen im Straßenverkehr. Bisher agierten die Geräte in diesen Bereichen ausschließlich in abgesicherten Netzwerken, die von außen nicht erreichbar waren – dies ändert sich nun mit der Nutzung des neuen IoT-Ansatzes. Deshalb ist es umso wichtiger, die intelligenten Geräte, ihre Infrastrukturen und Anwendungen dahingehend zu entwickeln, dass Sicherheitslücken so marginal wie möglich gehalten werden können. Dazu zählen unter anderem eine vertrauliche Identifikation von Nutzern, Geräten und Diensten, eine integre Übertragung der Daten, eine verschlüsselte Kommunikation, sowie eine ausreichende Robustheit der Geräte und der genutzten Dienste gegen Angriffe von außen.[44]

2.3 IoT-Architektur

Das primäre IoT-Konzept geht von einer Vielzahl von intelligenten Dingen aus, die in der Lage sind, Informationen mittels RFID-Tags, Sensoren und Aktoren aufzunehmen, über das Internet auszutauschen und zu verarbeiten. Dies setzt einen kontrollierten Fluss von Daten und Informationen sowie deren Überwachung voraus. Eine Architektur erfüllt diese Anforderung durch die Schaffung einer Brücke zwischen den informationsaufnehmenden Geräten und den im Internet angesiedelten Diensten zur weiteren Datenverarbeitung.[45]

IoT-Umgebungen sind durch eine hohe Heterogenität der eingesetzten Hard- und Software-Komponenten gekennzeichnet und umfassen Geräte mit unterschiedlichen Funktionalitäten und Anforderungen. In diesem Zusammenhang werden von wissenschaftlichen Instituten und Industrieunternehmen IoT-Plattform- und Architekturansätze entwickelt, um die Besonderheiten dieser Technologie zu abstrahieren. Durch diese Abstrahierung soll Interoperabilität und eine effektive

---

[43]   Vgl. Suo et al. (2012).

[44]   Vgl. Suo et al. (2012).

[45]   Vgl. Vasilomanolakis et al. (2015).

Entwicklung von IoT-Anwendungen erreicht werden.[46] Zusammenfassend ergeben sich folgende Kriterien, die an eine IoT-Architektur gestellt werden:[47]

- Unterstützung von dynamischen und heterogenen IT-Umgebungen
- Bereitstellung abstrahierter Technologien – von physikalischen Geräten über Dienste hinweg zu den verwendeten Applikationen
- Mechanismen zur Geräteverwaltung und dynamischer Geräteaufnahme
- Funktionalitäten zum Anschluss von Geräten an ein Netzwerk
- Verwaltung großer Datenmengen und Skalierbarkeit der genutzten Dienste
- Implementierung von datenschutz- und sicherheitsrelevanten Anforderungen

Durch eine fehlende Standardisierung lässt sich dieses Unterfangen jedoch äußerst schwierig umsetzen, weshalb die Schaffung von Normen einen essentiellen Faktor bei Konzeption und Aufbau einer IoT-Architektur darstellt. Erst durch die Bereitstellung von allgemein geltenden Anforderungen kann die Entwicklung von IoT-Anwendungen und -Dienstleistungen sowie deren Betrieb vereinfacht und wirtschaftlich lukrativ umgesetzt werden. Mittels Standardisierung könnten Entwickler und Dienstleister auf eine Reihe vordefinierter Bausteine zurückgreifen, die den Entwicklungszyklus und die Marktreife eines Produktes deutlich verkürzen würden. Der Wiedereinsatz dieser Bausteine in einer Vielzahl von IoT-Anwendungen würde zum Skaleneffekt beitragen und so die Gesamtkosten für die Entwicklung einer Lösung reduzieren.[48]

---

[46] Vgl. Sethi, P., Sarangi, S.R. (2017).
[47] Vgl. Cavalcante et al. (2015).
[48] Vgl. Sethi, P., Sarangi, S.R. (2017).

3 Stand der Wissenschaft

In diesem Kapitel wird der aktuelle Forschungsstand des Themenkomplexes IoT sowie den einzelnen Themengebieten aufgezeigt.

3.1 Das Internet der Dinge (IoT)

Aufgrund der immer schnelleren Fortschritte in der mobilen Kommunikation bei Technologien wie *Wireless Sensor Networks (WSN)*, *NFC*, RFID, Bluetooth, *Zigbee* und *6LoWPAN* können Geräte jederzeit und von überall aus miteinander kommunizieren.[49] Vermesan et al. definieren das Internet der Dinge als Interaktion zwischen der physikalischen und der digitalen Welt über eine Fülle von Sensoren und Aktoren.[50] Pena-Lopez definiert IoT als ein Paradigma, in dem Rechen- und Kommunikationstechnologien in jedes denkbare Objekt eingebettet sind. Hierbei wird mittels Sensoren der Zustand eines Objektes abgefragt und wenn möglich über Aktoren angepasst.[51]

Im allgemeinen Sprachgebrauch bezeichnet das „Internet der Dinge" abstrahiert eine neue Art von Welt, in der fast alle Geräte, die wir verwenden, zu einem großen Netzwerk zusammengeschlossen sind. Dieses Netzwerk lässt sich für die Lösung komplexer Aufgaben nutzen, welche ein hohes Maß an Intelligenz und eine hohe Informationsdichte erfordern. Als klassisches Beispiel können hier *Big-Data*-Technologien genannt werden.[52] Um diese Intelligenz und Interkonnektivität zu erreichen, sind IoT-Geräte mit eingebetteten Sensoren, Aktoren und Prozessoren ausgestattet. IoT bezeichnet somit keine autarke Technologie – vielmehr handelt es sich um einen Zusammenschluss vieler unterschiedlicher Technologien, welche im Verbund zusammenarbeiten.[53]

Sensoren und Aktoren sind Module, die bei der Interaktion digitaler Geräte mit der physikalischen Umgebung unterstützen. Die von Sensoren gesammelten Daten müssen in intelligenten Strukturen gespeichert und verarbeitet werden, um daraus nützliche Informationen generieren zu können. Unter Sensoren werden eine Vielzahl von Geräten zusammengefasst. Von Komponenten zur Messung der

---

[49] Vgl. Abomhara, M., Koien, G.M. (2014).
[50] Vgl. Vermesan et al. (2011).
[51] Vgl. Pena-Lopez, I. (2005): S. 2.
[52] Vgl. Pena-Lopez, I. (2005): S. 2.
[53] Vgl. Sethi, P., Sarangi, S.R. (2017).

Umgebungstemperatur oder der Luftfeuchtigkeit, bis hin zum Smartphone oder Küchengerät – solange diese Geräte Informationen über den aktuellen internen und externen Zustand liefern.[54]

Die Speicherung und Verarbeitung von Daten kann direkt auf den intelligenten Geräten oder auf einem entfernten System in der Cloud erfolgen. Werden die Daten, verteilt über unterschiedliche Geräte, nahe am Datenursprung analysiert, spricht man von Edge-Computing. Werden die Daten auf entfernten Systemen verarbeitet, geschieht dies meist mit Hilfe von Cloud-Backend-Lösungen, um eine hohe Skalierbarkeit der genutzten Dienste zu ermöglichen.[55] Wenn eine Vorverarbeitung von Daten möglich ist, dann erfolget diese typischerweise am Sensor oder Edge-Gateway.[56] Ein Edge-Gateway stellt dabei einen Zugangspunkt zu einem Unternehmensnetzwerk oder dem Internet bereit und beinhaltet meist Routing- und Switching-Funktionalitäten. Über ein Edge-Gateway können Geräte wie Sensoren und Aktoren mit einem Netzwerk verbunden werden, wenn diese keine Netzwerkfunktionalitäten mitbringen.[57] Die Intelligenz wird oftmals von den Erfassungsgeräten auf das Edge-Gateway ausgelagert, um diese günstig zu halten. Ebenfalls können diese Gateways mit Funktionalitäten zur Auswertung von Daten ausgestattet werden. Somit werden Datensätze schon lokal analysiert und aggregiert, um den zu versendenden Datenstrom zu minimieren. Die vorverarbeiteten Daten werden danach an einen entfernten Server gesendet.[58] Die Speicher- und Verarbeitungsmöglichkeiten eines IoT-Gerätes sind durch die verfügbaren Ressourcen – aufgrund von Faktoren wie Größe, Energiezufuhr, Leistung und Rechenfähigkeit – oftmals eingeschränkt. Eine der größten Herausforderungen in diesem Bereich ist es sicherzustellen, dass die richtige Art von Daten mit der derzeit benötigten Genauigkeit gesammelt wird.[59]

Eine weitere Herausforderung ist die hauptsächlich drahtlos stattfindende Kommunikation der IoT-Geräte, da diese in der Regel an geografisch verteilten Standorten angebracht sind. Drahtlose Kommunikationsansätze sind oft mit hohen Verzerrungsraten verbunden und sind deshalb unzuverlässiger als kabelgebundene

---

[54] Vgl. Sethi, P., Sarangi, S.R. (2017).

[55] Vgl. Mäkinen, O. (2015); Desertot et al. (2007).

[56] Vgl. Sethi, P., Sarangi, S.R. (2017).

[57] Vgl. Gazis et al. (2015).

[58] Vgl. Ouaddah et al. (2017).

[59] Vgl. Sethi, P., Sarangi, S.R. (2017).

Verbindungen. Um in diesen Szenarien dennoch zuverlässig und sicher Daten ohne hohe Wiederholungsraten versenden zu können, stellen drahtlose Kommunikationsformen ein großes Forschungsgebiet im IoT-Umfeld dar.[60]

Nach der Verarbeitung der empfangenen Daten kann nun daraus resultierend eine Anpassung in der realen Welt durch Aktoren erfolgen. Auch können Informationen an andere intelligente Geräte weitergeleitet werden, welche eine Justierung der realen Welt veranlassen, wie bspw. einen Temperaturanstieg durch Heizkörper. Diese Interaktionen sind meist kontextbasiert, da mehrere Informationen aus unterschiedlichen Kanälen zusammenlaufen und daraus resultierend ein Ereignis ausgelöst wird. Sensoren, Aktoren, Computersysteme und Kommunikationsnetzwerke bilden dabei die Kerninfrastruktur eines IoT-Frameworks.[61]

3.2 Datenschutz- und Sicherheitsanforderungen im Bereich IoT

Mit der riesigen und stetig wachsenden Zahl der über das Internet verbundenen Geräte und der immer größer werdenden Datenflut steigen auch die Bedenken um eine abgesicherte Umsetzung und sichere Nutzung von IoT. Unter dem Begriff Sicherheit wird hier der Grad des Widerstandes und Schutzes der IoT-Infrastrukturen und -Anwendungen gegenüber Attacken verstanden. Viele dieser Geräte stellen durch die geringen internen Ressourcen und die oftmals unbeaufsichtigten Standorte einfache Ziele für Infiltrierungen dar. Sobald die Netzwerkschicht kompromittiert ist, wird es einfach, das Gerät unter Kontrolle zu bringen und damit direkt verbundene Geräte ebenfalls zu infiltrieren. Auch eine ständige Kommunikation mit dem Internet macht diese Geräte angreifbar, da sie durch die geringe Rechenleistung meist keinen Viren- oder Malware-Schutz besitzen und deshalb sehr anfällig für Attacken sind.[62]

IoT-Systeme bestehen aus vier miteinander verbundenen und interagierenden Komponenten – Personen, Geräte und Objekte, Software und Hardware – welche über öffentliche und nicht vertrauenswürdige Netzwerke kommunizieren. Jede Komponente sollte deshalb auf datenschutz- und sicherheitsrelevante Anforderungen hin genau betrachtet werden.[63] Eine auf Schichten basierende Architektur

---

[60] Vgl. Sethi, P., Sarangi, S.R. (2017).

[61] Vgl. Sethi, P., Sarangi, S.R. (2017).

[62] Vgl. Xiaohui, X. (2013).

[63] Vgl. Abomhara, M., Koien, G.M. (2014).

spielt dabei eine wichtige Rolle und macht diese Technologie durch eine Trennung der einzelnen Arbeitsbereiche zuverlässig und sicher. Auch muss darauf geachtet werden, diese Schichten an sich sicher zu gestalten, da tiefe Angriffe in die Systeme erfolgen können. Die Überwachung der angeschlossenen Geräte sollte so umgesetzt werden, dass Datenverluste oder Datenmanipulationen so weit als möglich ausgeschlossen werden können.[64]

Nach Babar et al. ergeben sich mehrere Sicherheitsanforderungen im Bereich I-oT:[65] Benutzeridentifikation, sicheres Speichern von Daten, Identitätsverwaltung, eine sichere Datenkommunikation, Verfügbarkeit, sicherer Netzwerkzugang, sicherer Inhalt, sichere Ausführungsumgebung sowie Manipulationswiderstand.

Nach Atamli und Martin bestehen hauptsächlich sechs potentielle Bedrohungsinstanzen, über welche die Sicherheit einer IoT-Infrastruktur beeinflusst werden kann. Diese sind: eine nicht korrekt implementierte Zugriffsverwaltung, die mangelnde Robustheit der eingesetzten Geräte, ein ungeschützter Datenspeicher und Mängel in der Identifikation und Autorisierung von Benutzern und Diensten.[66] Gluhak et al. nennen die Identitätsverwaltung als anspruchsvollstes Thema im Bereich IoT, unter anderem auch die Faktoren Authentifizierung und Autorisierung.[67] Abomhara und Koien nennen als wichtigste Sicherheitsaspekte im IoT-Umfeld: Privatsphäre der Nutzer und Datenschutz, Authentifizierung und Identitätsverwaltung, Vertraulichkeit und die Integration von Regeln, Autorisierung und Zugriffskontrolle, Ende-zu-End-Sicherheit und die Resistenz und Robustheit gegen Attacken.[68] Die datenschutz- und sicherheitsrelevanten Anforderungen an IoT-Technologie ist noch nicht in Gänze ausgearbeitet und wissenschaftlich eruiert. Viele unterschiedliche Ansätze und Einsatzgebiete benötigen eine differenzierte Sicht auf einzelne Schichten der IoT-Architektur, der genutzten Middleware und deren Sicherheitskomponenten. Jedoch sollte ein klares und strukturiertes Bild davon herrschen, welche Sicherheitsanforderungen für IoT relevant sind und wie die einzelnen Komponenten bestmöglich geschützt werden können.[69]

---

[64] Vgl. Kumar et al. (2016).

[65] Vgl. Babar et al. (2010).

[66] Vgl. Atamli, A.W., Martin, A. (2014).

[67] Vgl. Gluhak et al. (2016): S. 14.

[68] Vgl. Abomhara, M., Koien, G.M. (2014).

[69] Vgl. Kozlov et al. (2012).

3.3 IoT-Architektur

Es gibt derzeit keinen Konsens über einen Architekturansatz, der von allen akzeptiert wird. Unterschiedliche Ansätze wurden von verschiedenen Institutionen veröffentlicht. IoT erfordert eine offene und auf mehreren Ebenen basierende Architektur, um die Interoperabilität zwischen den heterogenen Systemen und verteilten Ressourcen zu maximieren.[70]

Bandyopadhyay und Sen zeigen auf, dass eine IoT-Architektur auf einem mehrere Schichten umfassenden Modell basiert – von der unten angesiedelten Datenerfassungsschicht bis zur oberen Anwendungsschicht. Ein Schichtenmodell hat den Vorteil, den Anforderungen der unterschiedlichen Branchen, Industriezweige und Einsatzgebiete gerecht zu werden, da die eingesetzten Technologien durch die Schichten logisch getrennt werden können.[71] Yuqiang et al. weisen darauf hin, dass eine IoT-Architektur primär in drei Schichten unterteilt werden kann: die Datenerfassungsschicht für das Sammeln von Informationen, die Netzwerkschicht für die Informationsübertragung sowie die Anwendungsschicht zur Identifizierung und Autorisierung von Personen und Objekten.[72] Kumar et al. erläutern, dass eine IoT-Architektur primär in vier Schichten unterteilt werden kann und fügen zum dreischichtigen Modell noch eine physikalische Schicht hinzu. Diese stellt die Basishardware dar, wie etwa die physikalischen Komponenten sowie die Stromversorgung.[73]

Darüber hinaus gibt es zahlreiche weitere Projekte, die von Universitäten und unterschiedlichen Regierungsstellen finanziert werden, um die Anforderungen der IoT-Architektur zu erforschen – mit dem Ziel, architektonische Referenzmodelle zu erstellen.[74] Als Beispiel kann hier die Internet Engineering Task Force (IETF) genannt werden.[75]

Architekturelle Standards sollten gut definierte abstrakte Datenmodelle, Schnittstellen und Protokolle beinhalten, sowie offen für neutrale Technologien sein, um eine Vielzahl von Software, Hardware, intelligenten Objekten und Geräten, Be-

---

[70] Vgl. Kumar et al. (2016).
[71] Vgl. Bandyopadhyay, D., Sen, J. (2011).
[72] Vgl. Yuqiang et al. (2010).
[73] Vgl. Kumar et al. (2016).
[74] Vgl. Stackowiak et al. (2015): S. 185ff
[75] Vgl. IETF (2017).

triebssystemen und Programmiersprachen zu unterstützen.[76] Die meisten IoT-Plattformen geben Auskunft über deren Nutzung von offenen Standards zur Kommunikation und zum Austausch von Daten und Informationen. So wird in den derzeit verfügbaren IoT-Plattformen zum größten Teil auf standardisierten HTTPS-Stack mit REST- (Representational State Transfer) sowie MQTT-*APIs* (Message Queue Telemetry Transport) gesetzt.[77] REST stellt dabei eine einheitliche Schnittstelle für Webservices im Internet bereit, MQTT ist ein offenes Nachrichtenprotokoll für Machine-to-Machine-Kommunikation (M2M).[78]

---

[76] Vgl. Weychert, M., Ebert, C. (2016).
[77] Vgl. Gazis et al. (2015).
[78] Vgl. Gluhak et al. (2016): S. 79.

4 IoT-Framework

In diesem Kapitel werden relevante Informationen zum Verständnis des IoT-Frameworks aufgezeigt und zusammengefasst, um eine Basis für die folgende Analyse der Referenz-Architekturen zu schaffen.

4.1 Funktionale Komponenten

Unabhängig von den verschiedenen architektonischen Schichtenmodellen enthält jeder Ansatz eine Reihe von Funktionalitäten, die für eine Implementierung von IoT-Szenarien wichtig sind. IoT-Architekturen und die darauf aufbauenden Plattformen können als eine Art Middleware-Schicht beschrieben werden, die zwischen den eigentlichen IoT-Geräten und den Applikationen angesiedelt ist.[79] Hierbei fokussieren sich die Komponenten Konnektivität und Normalisierung sowie die Geräteverwaltung auf die eingesetzten Geräte, während die Komponenten Analyse und Werkzeuge sowie externe Schnittstellen Dienste zur Applikationsentwicklung und -bereitstellung beherbergen. Die in der Mitte angesiedelten Komponenten zur Prozess- und Aktionsüberwachung sowie zur Datenvisualisierung regeln die Steuerungs- und Überwachungsfunktionen sowie Funktionalitäten zum Umgang mit den gesammelten Daten. Die Datenverwaltung sowie Konfigurationsmöglichkeiten im Bereich Sicherheit werden hierbei abstrakt über alle Komponenten dargestellt, da diese für alle Komponenten relevant sind und übergeordnete Funktionalitäten liefern.[80]

---

79 Vgl. Kozlov et al. (2012).
80 Vgl. Gluhak et al. (2016): S. 16ff.

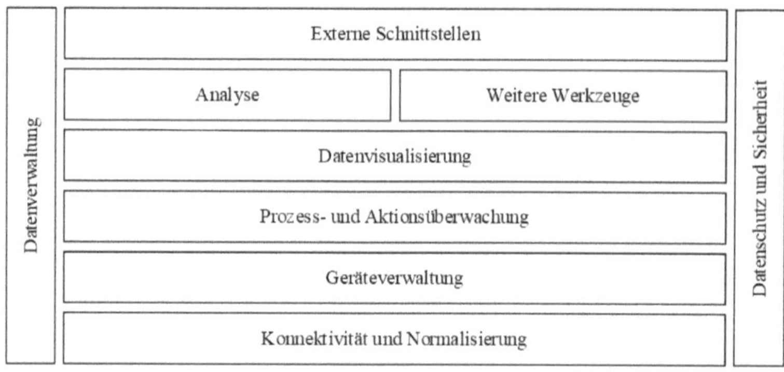

Abbildung 1: Funktionale Komponenten einer IoT-Architektur, Quelle: In Anlehnung an Gluhak et al. (2016): S. 16.

Konnektivität und Normalisierung

Die Konnektivitäts- und Normalisierungskomponente ist für die Aufnahme der Gerätedaten sowie für die Kommunikation mit IoT-Geräten über heterogene Kommunikationsprotokolle verantwortlich. Für eine erleichterte Integration und Kommunikation stellen Hersteller von Plattformen und Geräten oftmals Agenten und Bibliotheken zur Verfügung, um eine beständige Konnektivität sowie harmonisierte Dateiformate zu gewährleisten.[81]

Geräteverwaltung

Hierunter fällt die Instandhaltung der Firmware- und Softwarestände der angeschlossenen Geräte. Ebenfalls erfolgt hierüber die Geräteregistrierung, -konfiguration und -überwachung.[82]

Prozess- und Aktionsüberwachung

Hier werden die empfangenen Datenströme der IoT-Geräte verwaltet. Die Komponente ermöglicht eine einfache Abbildung der empfangenen Sensordaten mittels zuvor definierten Regeln und Ereignissen. Ebenfalls werden Regeln für Aktionen bei eintreffenden Ereignissen definiert, um automatisch auf sie reagieren und die Umgebung mittels Aktoren nach Bedarf beeinflussen zu können.[83]

---

[81] Vgl. Kumar et al. (2016).

[82] Vgl. Kumar et al. (2016).

[83] Vgl. Yue et al. (2015).

Datenverwaltung

Über diese Kernfunktionalität werden erfasste Daten gespeichert. Dies kann entweder offline zur Aggregation großer und über längere Zeit vorgehaltener Datensätze (Cold-Storage), als auch online für die direkte Überprüfung von Echtzeitdaten zur Überwachung von Sensoren und Geräten geschehen (Hot-Storage). Die meisten Plattformen nutzen hierbei Speichertechnologien aus der Cloud, um eine effiziente Skalierbarkeit der Datenspeicher zu erreichen.[84]

Datenvisualisierung

Komponenten zur Datenvisualisierung ermöglichen eine Überprüfung und Analyse der gesammelten Daten. Dies geschieht meist mittels eines Dashboards, welches nach den Belangen der jeweiligen Szenarien konfiguriert werden kann.[85]

Analyse und Werkzeuge

Diese Komponenten beinhalten eine Sammlung von Werkzeugen zur Analyse und Extraktion von komplexen Datensätzen. Hierzu zählen u.a. *Data Mining*, *Business Intelligence (BI)* und *Machine-Learning*-Algorithmen. Dies kann ebenfalls online oder offline erfolgen. Ebenfalls stehen weitere Werkzeuge für die Anwendungsentwicklung und Orchestrierung von Algorithmen sowie Schnittstellen für externe Geschäftsanwendungen zur Verfügung, die mit der IoT-Plattform interagieren.[86]

Externe Schnittstellen

Externe Schnittstellen stellen standardisierte APIs für die Entwicklung von Applikationen und Dienste bereit, ebenfalls um Verbindungen zu anderen Backend-Systemen und Geschäftsanwendungen zu ermöglichen.[87]

---

[84] Vgl. Cavalcante et al. (2015).

[85] Vgl. Cavalcante et al. (2015).

[86] Vgl. Cavalcante et al. (2015).

[87] Vgl. Cavalcante et al. (2015).

4.2 IoT-Plattform

Eine IoT-Plattform wird als intelligente Schicht definiert werden, über die Dinge und Geräte mit einem Netzwerk verbunden werden können, um so die Entwicklung von Diensten und Services zu ermöglichen.[88] IoT-Plattformen sind so ausgelegt, dass sie flexibel und wertschöpfend genutzt werden können und decken die funktionalen Komponenten teilweise oder vollumfänglich ab. Dadurch wird es möglich, Geräte und Dienste in mehreren unterschiedlichen Anwendungsfällen einzusetzen, um so effizient neue Anwendungen und Dienstleistungen entwickeln zu können. Als Beispiel können hier der SmartHome-, SmartCity-, Healthcare-, Tourismus-, Automotive- sowie der Transportsektor genannt werden (siehe Abbildung 2). Ebenfalls werden die Kommunikation, der Datenfluss, die Geräteverwaltung sowie der funktionale Aufbau von Anwendungen standardisiert. Die Funktionalität von IoT-Plattformen deckt die digitale Wertschöpfungskette eines Ende-zu-Ende-Systems ab – von Sensoren und Aktoren, den Netzwerkkomponenten zur Kommunikation, Cloud-Infrastrukturen, Systemen und Anwendungen hin zur Datenverarbeitung und -auswertung.[89] Cloudbasierte IoT-Plattformen werden von Cloud-Providern angeboten, um IoT-Dienste direkt in der Cloud aufbauen und entwickeln zu können.[90] IoT-Plattformen bieten ein abstrahiertes Framework an, um den technologischen Anforderungen im IoT-Umfeld gerecht zu werden und die erforderlichen Dienste klar unterteilt anzubieten. Dabei beinhaltet eine Plattform alle in Kapitel 4.1 beschriebenen funktionalen Komponenten und bricht diese auf die einzelnen Schichten der Architektur herunter.[91]

---

[88] Vgl. Yue et al. (2015).
[89] Vgl. Gluhak et al. (2016): S. 9ff.
[90] Vgl. Kum et al. (2015).
[91] Vgl. Gluhak et al. (2016): S. 16ff.

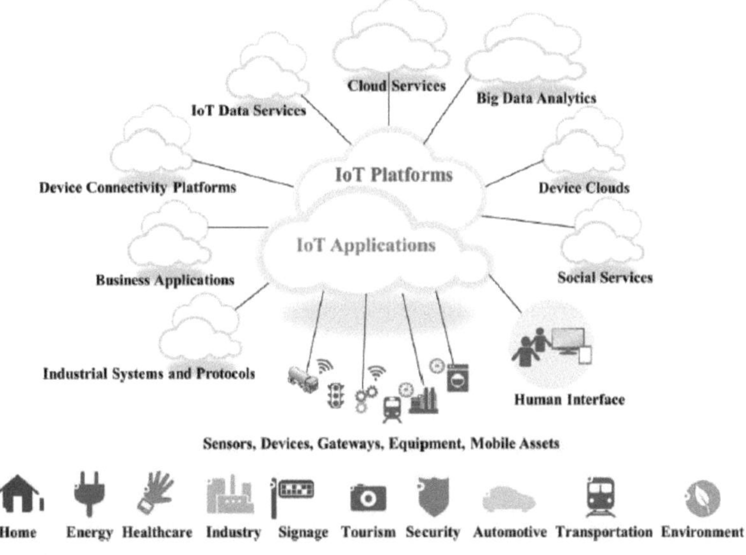

Abbildung 2: Kerninfrastruktur des Internets der Dinge, Integration und Anwendungsfelder, Quelle: Vermesan et al. (2015): S. 16.

4.3 Schichtenmodell der IoT-Architektur

Wie in Kapitel 3.3 beschrieben, herrscht noch Uneinigkeit bezüglich des Schichtenmodells der IoT-Architekturen. Meist bestehen diese jedoch aus drei oder mehr Schichten, worüber die funktionalen Komponenten der IoT-Plattform implementiert werden. Der grundlegendste Architekturansatz weist drei Schichten auf und wurde im Anfangsstadium von IoT definiert.[92] Die dreischichtige Architektur definiert die Grundidee des Internets der Dinge, jedoch können mit diesem Modell nicht alle feineren Aspekte der Technologie betrachtet werden. Deshalb ist es nötig, dieses frühe Modell um weitere Schichten zu erweitern.[93] Ein solches Modell wurde u.a. von Vermesan et al. entwickelt und weist acht Schichten auf. Hierdurch wird es möglich, die einzelnen Aufgaben und Funktionen granularer aufzuteilen als beim dreischichtigen Modell. Dies hat den Vorteil einer leichteren

---

[92] Vgl. Sethi, P., Sarangi, S.R. (2017).

[93] Vgl. Hu, F. (2016): S. 5ff.

Wartbarkeit, einer besseren Interoperabilität, sowie einer besseren Implementierung von datenschutz- und sicherheitsrelevanten Anforderungen.[94]

Physikalische Schicht

Die physikalische Schicht beinhaltet Betriebssystem- bzw. Firmwarekomponenten und bietet rudimentäre Einstellungsmöglichkeiten am Gerät. Ebenfalls beinhaltet diese Schicht adaptierbare Module, Treiber und Bibliotheken für eine schnelle und einfache Entwicklung auf Hardwareebene.[95] Des Weiteren werden Schutzmechanismen für die Hardware- sowie die darauf abgebildeten Softwarekomponenten (Firmware/Betriebssystem) implementiert, um die erforderliche Robustheit der Geräte gewährleisten zu können.[96]

Netzwerkschicht

Die Netzwerkschicht beinhaltet Module zur Konnektivität und ist für die Übertragung der Daten und Informationen zuständig.[97] Für einen sicheren Zugang zu den Netzen und einer sicheren Datenübertragung werden hier Verschlüsselungstechnologien wie *Key Exchange Management (KEM)* oder *TLS/SSL (Transport Layer Security/Secure Sockets Layer)* implementiert.[98]

Prozessschicht

Die Prozessschicht ist für die Geräteverwaltung verantwortlich. Hierüber können Geräte überwacht, in Betrieb genommen und instandgehalten werden. Dabei wird im Gegensatz zum cloudbasierten Ansatz eine erste Verarbeitung und Analyse der gesammelten Daten über Edge-Gateway-Komponenten vorgenommen.[99]

Datenschicht

Die Daten- und Datenbankschicht ist für die Verarbeitung der Daten in cloudbasierten Szenarien verantwortlich. Durch die Nutzung abgesicherter Datenspeicher kann eine sichere Aufbewahrung der Daten gewährleistet werden.[100]

---

94 Vgl. Vermesan, O., Friess, P. (2015): S. 19ff.
95 Vgl. Kumar et al. (2016).
96 Vgl. Yue et al. (2015).
97 Vgl. Kumar et al. (2016).
98 Vgl. Sethi, P., Sarangi, S.R. (2017).
99 Vgl. Kumar et al. (2016).
100 Vgl. Vermesan, O., Friess, P. (2015): S. 19ff.

Abstraktionsschicht

Die Abstraktionsschicht übernimmt das Event- und Aktionsmanagement und stellt eine Basisanalyse der gesammelten Daten bereit. Hier können einfache Regeln für spezifische Sensorereignisse definiert werden. Ebenfalls findet hier eine Normalisierung, Formatierung und Auswertung der gesammelten Daten statt.[101] Außerdem wird die domänenübergreifende Identitätsverwaltung implementiert, worüber ein sicherer Zugriff auf die Daten nur für berechtigte Personen und Dienste über mehrere Domänen hinweg gewährleistet werden kann.[102]

Serviceschicht

Die Serviceschicht ist für die Orchestrierung der einzelnen Dienste und Sensoren verantwortlich. Hierüber können erste Analysen und Aggregationen der gesammelten Daten erstellt werden. Durch deren Umstrukturierung und Schwärzung (s. Kapitel 5.3) können hier Funktionalitäten für den Daten- und Informationsschutz implementiert werden.[103]

Anwendungsschicht

Die Anwendungsschicht bereitet die gesammelten Daten auf und stellt diese visualisiert in einem interaktiven Dashboard bereit. Ebenfalls wird hier eine integrierte Entwicklungsumgebung zur rudimentären Applikationsentwicklung bereitgestellt.[104] Durch die Applikations-, Berechtigungs-, Identitäts- und Zugriffsverwaltung wird sichergestellt, dass nur autorisierte Benutzer und Dienste Zugriff auf bestimmte Informationen erhalten können.[105]

Kollaborationsschicht

Die Kollaborationsschicht stellt Verbindungen mit anderen externen Systemen sicher. Ebenfalls werden hier die Sicherheitsrichtlinien der darunterliegenden Schichten implementiert, um mit externen Diensten und Prozessen verbunden werden zu können.[106]

---

[101] Vgl. Kumar et al. (2016).

[102] Vgl. Sethi, P., Sarangi, S.R. (2017).

[103] Vgl. Vermesan, O., Friess, P. (2015): S. 19ff.

[104] Vgl. Vermesan, O., Friess, P. (2015): S. 19ff.

[105] Vgl. Sethi, P., Sarangi, S.R. (2017).

[106] Vgl. Vermesan, O., Friess, P. (2015): S. 19ff.

5 Datenschutz und Sicherheit

In diesem Kapitel werden aktuelle Probleme und Gefahren im Bereich IoT beschrieben. Daraus abgeleitet werden datenschutz- und sicherheitsrelevante Anforderungen definiert und abstrahiert.

5.1 Probleme und Gefahren im Bereich IoT

Im Gegensatz zu herkömmlichen IT-Systemen ist IoT einer Vielzahl von neuen Herausforderungen ausgesetzt. Viele Geräte stehen an öffentlich zugänglichen Standorten und können nicht wie andere Systeme gegen unautorisierte Zugriffe und äußere Umwelteinflüsse wie Regen oder Kälte abgesichert werden. IoT-Geräte werden im Logistiksektor für die Überwachung von Transportgut eingesetzt und nutzen meist unverschlüsselte mobile Netzwerke zur Kommunikation. Hierbei kann aufgrund von Funklöchern und anderen Übertragungsstörungen keine vollumfängliche Überwachung gewährleistet werden – stabile Netzwerkverbindungen und eine durchgängige Verschlüsselung können nicht zu jeder Zeit erwartet werden. Auch können Geräte durch Hardwarefehler oder durch Verlust der Stromversorgung ausfallen und nicht zeitnah repariert oder ersetzt werden.[107]

Im IoT-Umfeld wird ebenfalls ein heterogenes Ökosystem vorausgesetzt, da viele unterschiedliche Geräte von unterschiedlichen Herstellern eingesetzt werden. Daher ist es umso wichtiger, dass Versionskompatibilität und Interoperabilität berücksichtigt werden.[108] Die große Anzahl miteinander verbundener Geräte setzt hochskalierbare Dienste und Infrastrukturen voraus, welche ebenfalls einen starken Einfluss auf die eingesetzten Sicherheitsmechanismen haben.[109]

Auch die begrenzten Energieressourcen vieler Geräte dürfen für die erforderlichen Sicherheitsmechanismen nicht außer Acht gelassen werden. Hier muss mit batteriebetriebenen Vorrichtungen und niedriger Rechenleistung geplant werden. Auch ist es nicht immer möglich, ressourcenhungrige kryptographische Algorithmen auf allen Geräten zu implementieren.[110]

---

[107] Vgl. Kumar et al. (2016).

[108] Vgl. Malina et al. (2016).

[109] Vgl. Hu, F. (2016): S. 248f.

[110] Vgl. Vasilomanolakis et al. (2015).

5.2 Anforderungen im Bereich IoT

Sicherheit und Privatsphäre sind entscheidende Faktoren im Umgang mit IoT. Daher ist es umso wichtiger, diese in IoT-Architekturen schon im Voraus zu berücksichtigen und einzuarbeiten. Andernfalls können Anwendungen und sogar ganze Ökosysteme denselben Sicherheitsmängeln ausgesetzt sein, wie sie schon für bestehende Technologien in den vergangenen Jahren aufgearbeitet wurden. Dafür ist jedoch ein präzises Verständnis aller Sicherheitsanforderungen im IoT-Umfeld nötig. Bisherige technologische Trends wie Cloud Computing und Big Data nutzen ähnliche Sicherheitsanforderungen wie IoT, die neuen IoT-Anwendungsfelder setzen jedoch auch neue Sicherheitsüberlegungen voraus und können mit den bestehenden Ansätzen nicht oder nur teilweise verglichen werden.[111]

Big-Data-Anwendungen werden bspw. in isolierten Silos betrieben, um Ressourcen flexibel und zeitnah nutzen zu können. Ebenso basiert Cloud Computing auf einem zentralisierten Ansatz, um Ressourcenengpässe mittels hochskalierbarer Infrastrukturen abzufangen. Jedoch spielen bei diesen Technologien Mobilität und physikalischer Zugang zu den Geräten nur eine untergeordnete Rolle. Dies wird in der Regel schon durch die in den Rechenzentren implementierten Sicherheitsanforderungen umgesetzt.[112] Werden Faktoren zur weltumspannenden Skalierung der IoT-Plattformen berücksichtigt, wird deutlich, dass herkömmliche Schutzmechanismen nicht in herkömmlicher Form eingesetzt werden können.[113]

Hier ist es deshalb unerlässlich, einen dezentralen Ansatz zu verfolgen, welcher eine Ende-zu-Ende-Sicherheit über alle Komponenten hinweg gewährleisten kann. Mittels dieses Ansatzes werden auch die Geräte im IoT-Umfeld immer intelligenter und können eigene sicherheitsrelevante Entscheidungen treffen, bspw. innerhalb Authentifizierungs- und Autorisierungsprozessen. Granulare Autorisierungsmechanismen erlauben hierbei eine flexiblere Ressourcenkontrolle und gewähren einen verbesserten Einsatz der Ressourcen beim Umgang mit unbekannten Risiken. Durch Standardisierungen im IoT-Umfeld können auch Sicherheitslösungen immer effektiver integriert werden – auf proprietäre Sicherheitskonzepte sollte hierbei verzichtet werden. Wie bereits in Kapitel 3.3 erwähnt beschäftigt

---

[111] Vgl. Jing et al. (2014).

[112] Vgl. Vasilomanolakis et al. (2015).

[113] Vgl. Abomhara, M., Koien, G.M. (2014).

sich die IETF genau mit dieser Problematik und versucht dabei, die Sicherheitskonzepte im IoT-Umfeld zu standardisieren.[114]

Zusammenfassend können die übergeordneten Aspekte Robustheit, Netzwerksicherheit, eine funktionierende Identitäts- und Zugriffsverwaltung, ein ausreichender Daten- und Informationsschutz sowie die Vertraulichkeit aller mit der IoT-Plattform verbundenen Geräte und Dienste genannt werden (siehe Tabelle 1).[115]

5.3 Relevante Aspekte und Faktoren zur Umsetzung der Anforderungen

Wie schon in Kapitel 3.2 bzw. 5.2 aufgezeigt, sind die Sicherheitsanforderungen im Bereich IoT umfangreich und können nicht in Gänze mit denen der herkömmlichen Internetanwendungen verglichen werden. Ein standardisiertes Sicherheitsframework für IoT besteht bis dato noch nicht in vollem Umfang, beinhaltet jedoch die im klassischen Internet genutzten Ansätze.[116] Die einzelnen Aspekte und deren Faktoren, mit denen die Sicherheitsanforderungen umgesetzt werden sollen, können nicht immer direkt einer bestimmten Architekturschicht zugeordnet werden, sondern erstrecken sich abstrahiert über mehrere oder alle Schichten.[117]

Für eine bessere Übersicht werden die relevanten Faktoren in fünf Aspekte gegliedert, wie Tabelle 1 zusammenfassend darstellt.

---

114 Vgl. Vermesan, O., Friess, P. (2015): S. 80ff.
115 Vgl. Vasilomanolakis et al. (2015).
116 Vgl. Vermesan et al. (2015): S. 82.
117 Vgl. Jing et al. (2014).

Robustheit	Netzwerk-Sicherheit	Identitäts- & Zugriffsverwaltung	Daten- & Informationsschutz	Vertraulichkeit
Ausfälle	Authentizität	Authentifizierung	Anonymität	Daten
Fehler	Integrität	Autorisierung	Datenschutz	Dienste
Flexibilität	Verfügbarkeit	Berechtigung	Informationsschutz	Entitäten
Manipulationswiderstand	Verschlüsselung	Rechteentzug	Pseudonymisierung	Geräte
			Self-Service	
			Nicht-Verfolgbarkeit	

Tabelle 1: Datenschutz- und sicherheitsrelevante Aspekte und Faktoren im Bereich IoT[118]

Robustheit

Die große und stetig wachsende Anzahl an IoT-Geräten stellt eine enorme Angriffsfläche für Attacken und Fehler dar. Wichtige Anforderungen sind deshalb ein robuster Aufbau und eine gewisse Resistenz der Geräte. Architekturen müssen in der Lage sein, Geräte, Kommunikationswege und Dienste gegen Ausfälle und Angriffe zu schützen. Um diese Resistenz sicherzustellen, müssen flexible Überwachungs- und Wiederherstellungsmechanismen zur Verfügung stehen, damit ein sicherer Betrieb auch unter Fehlern und Attacken gewährleistet werden kann.[119] Ebenfalls müssen angesichts der begrenzten Ressourcen der Geräte leichtgewichtige Sicherheitslösungen zur Abschwächung etwaiger Angriffe von außen implementiert werden.[120]

---

[118] Quelle: In Anlehnung an Vasilomanolakis et al. (2015); Abomhara, M., Koien, G.M. (2014).
[119] Vgl. Vasilomanolakis et al. (2015).
[120] Vgl. Abomhara, M., Koien, G.M. (2014).

Netzwerksicherheit

Diese Faktoren gewähren eine sichere und konsistente Datenübertragung über die gesamte Netzinfrastruktur. Hier gibt es bereits vorhandene Ansätze wie *IPSec*, die auch im IoT-Umfeld eingesetzt werden können.[121] Durch die Authentizitätsprüfung der einzelnen Geräte und Dienste wird sichergestellt, dass Verbindungen nur zu bekannten Ressourcen hergestellt werden. Durch Integrität wird sichergestellt, dass keine Daten verloren gehen oder auf dem Weg verändert werden. Dies kann durch Mechanismen wie TLS oder einem Vergleich der *SHA*-Hashes der übertragenen Datensätze umgesetzt werden. Die Verfügbarkeit stellt sicher, dass die Konnektivität trotz Verbindungsfehlern aufrechterhalten werden kann. Hierbei muss sichergestellt werden, dass beim Ausfall einer Komponente eine Verbindungsübernahme durch andere Systeme erfolgt.[122]

Miteinander verbundene Geräte und Dienste erfordern eine verschlüsselte Kommunikation, um ein Abhören sensibler Informationen ausschließen zu können. Jedoch können die Verwaltungsdaten zur Verschlüsselung, die den eigentlichen Nutzdaten als *Header*-Informationen anhängen, die Ressourcen einzelner Geräte überschreiten.[123]

Identitäts- & Zugriffsverwaltung

Die Identitätsverwaltung stellt aufgrund der großen Anzahl und der komplexen Beziehung zwischen Geräten und Entitäten eine besondere Herausforderung im IoT-Umfeld dar. Daher muss ein besonderes Augenmerk auf die Authentifizierung, Autorisierung und der Berechtigungsverwaltung sowie den Rechte-Entzug gelegt werden. Die Berechtigungsverwaltung stellt sicher, dass jede Handlung an eine zuvor authentifizierte Entität gebunden ist.[124]

IoT-Plattformen müssen mit einer großen Anzahl an Geräten, Diensten und Zugangsdelegationen zurechtkommen, was meist über die eigene organisatorische Domänenstruktur hinausgeht. Deshalb werden Ansätze benötigt, die eine Identifizierung und Verwaltung über mehrere Domänen hinweg bereitstellen.[125]

---

[121] Vgl. Sethi, P., Sarangi, S.R. (2017).

[122] Vgl. Vasilomanolakis et al. (2015).

[123] Vgl. Vasilomanolakis et al. (2015).

[124] Vgl. Roman et al. (2011).

[125] Vgl. Roman et al. (2011).

Eine Kernkomponente des Sicherheitsframeworks in der IoT-Architektur ist die Authentifizierung. Damit ist die Herstellung einer Verbindung zu einem authentischen Gerät oder einer authentischen Person gemeint. Sie initiiert eine Authentifizierungsbeziehung basierend auf der Identität eines Gerätes, wann immer dieses Zugriffe auf die IoT-Infrastruktur benötigt. Hierzu gibt es bereits etablierte Methoden im Umfeld der drahtlosen Netzwerke, etwa eine auf Public-Key- oder Pre-Shared-Key-basierende Authentifizierung. Diese benötigen eindeutige Hardwareinformationen wie RFID, X.509-Zertifikate oder MAC-Adressen. Durch die oftmals begrenzten Ressourcen der Geräte gestaltet sich der Einsatz von Zertifikaten jedoch schwierig, da die Geräte oftmals nicht in der Lage sind, Zertifikate zu speichern oder Validierungsberechnungen vorzunehmen.[126]

Die Autorisierung ist die nächste Komponente in der Sicherheitskette, die auf den von der Authentifizierungskomponente bereitgestellten Informationen aufbaut. Beide Technologien müssen zum Aufbau einer sicheren Verbindung zwischen IoT-Geräten verfügbar sein. Eine Autorisierung stellt die Zugriffs- und Rechtekontrolle über alle Ressourcen hinweg dar. Das bedeutet, um Zugriff auf ein Gerät zu erhalten, muss der Benutzer bzw. Dienst zuvor für den Zugriff privilegiert werden und über die entsprechenden Rollen bzw. Berechtigungen verfügen. Dafür wird ein granularer Mechanismus wie die attributbasierte Zugriffskontrolle verwendet (*ABAC*).[127] Die bloße Menge an Geräten und Diensten im IoT-Umfeld übersteigt die Fähigkeit einer direkten Authentifizierung, weshalb Methoden für eine unabhängige initiale Inbetriebnahme unabdingbar sind.[128]

In IoT-Szenarien können sich Interaktionen bspw. in B2B2C-Szenarien über mehrere Domänen erstrecken, weshalb eine föderierte Autorisierung mittels Zugriffsdelegationen für neue, aber auch föderierter Rechteentzug für infiltrierte oder defekte Geräte umgesetzt werden sollte.[129]

Daten- & Informationsschutz

Die Einhaltung der Privatsphäre gilt als eine der dominierenden Herausforderungen im IoT-Bereich, da bspw. im Bereich SmartCity und SmartHome große Mengen an personenbezogenen Daten erfasst werden. Durch Datenschutz wird die

---

[126] Vgl. Vermasen et al. (2015): S. 83.

[127] Vgl. Vermasen et al. (2015): S. 83f; Ouaddah et al. (2017).

[128] Vgl. Vasilomanolakis et al. (2015).

[129] Vgl. Vasilomanolakis et al. (2015).

sichere Datenübertragung dahingehend ergänzt, dass ein Datensatz keine personenbezogenen Informationen zur Identifizierung einer Person beinhalten darf. Diese werden durch Herausfilterung unkenntlich gemacht.[130]

Durch die Kombination einer großen Menge an personenbezogenen Daten werden Personen jedoch wieder identifizierbar, diese werden deshalb auch personenidentifizierbare Informationen (PII) genannt.[131] Durch Anonymität wird die Identifikation einer Person über die gesammelten Daten oder eine bestimmte Interaktion erschwert. Dies ist jedoch nicht einfach zu implementieren, da Wearables und andere mobile Geräte ständig Informationen über den Nutzer, wie IP-Adressen und Standortdaten sammeln und speichern.[132]

Mittels Pseudonymisierung können Dienste ohne Nutzung des Klarnamens anonym genutzt werden. Beim unrechtmäßigen Zugriff auf Daten durch Dritte können diese nicht direkt einer Person zugeordnet werden. Durch den Verzicht von Dateiverknüpfungen bei Speicherung der Daten können bestimmte Aktionen und Handlungen nicht direkt einer Person zugeordnet werden. Das wirkt einer granularen Profilerstellung des Benutzers entgegen, wodurch eine Identifikation und Überwachung eingeschränkt werden kann.[133]

Jedoch können genau diese Datenverknüpfungen gewinnbringend verkauft werden, um das eigene Geschäftsmodell zu stützen. Bei der Nutzung von immer gleichen Pseudonymen können jedoch wieder Rückschlüsse auf eine bestimmte Person getroffen werden. Auch können genutzte Applikationen und Systeme das mehrmals genutzte identische Pseudonym erkennen und alle Aktionen einem Pseudonym oder direkt einer Person zuordnen. Für eine bessere Kontrolle der verarbeiteten und gespeicherten PIIs sollten daher Mechanismen implementiert werden, die Benutzern eine Möglichkeit bieten, die über sie gespeicherten Daten selbst einzusehen und zu verwalten.[134]

---

130 Vgl. Roman et al. (2011).
131 Vgl. Roman et al. (2011).
132 Vgl. Vasilomanolakis et al. (2015).
133 Vgl. Vasilomanolakis et al. (2015).
134 Vgl. Roman et al. (2011).

Vertraulichkeit

Diese Faktoren sind für den Remotezugriff, die Protokollierung aller relevanten Aktivitäten sowie die Einhaltung aller Sicherheitsanforderungen verantwortlich.[135] Die Gewährleistung von Vertraulichkeit stellt sich im IoT-Umfeld als schwierig dar. Geräte werden durch ihren agilen Einsatz dynamisch in unterschiedlichen Umgebungen und Domänen verwendet. Dadurch kann Vertraulichkeit nicht zu jeder Zeit garantiert werden. Darüber hinaus kann jedes System das Vertrauen in ein Gerät unterschiedlich beurteilen, daher müssen IoT-Architekturen in der Lage sein, mit unterschiedlichen Vertraulichkeitsdefinitionen umzugehen. Während die Vertraulichkeit in Geräte über ein eindeutiges Hardwareidentifikationsmerkmal umgesetzt werden kann, lässt sich die Vertraulichkeit in Personen und Dienste nicht in dieser Form integrieren. IoT-Services generieren außerdem neue Daten durch die Aggregation vorhandener Datensätze aus unterschiedlichen Quellen. Hierfür wiederum ist eine erneute Vertrauensbewertung erforderlich.[136]

---

[135] Vgl. Vermesan et al. (2015): S. 85.
[136] Vgl. Vasilomanolakis et al. (2015).

6 Analyse der Referenz-Architekturen

In diesem Kapitel werden die zuvor ausgewählten Referenz-Architekturen beschrieben und auf den Implementierungsgrad der datenschutz- und sicherheitsrelevanten Anforderungen hin untersucht.

6.1 Allgemeines

Der folgende Abschnitt gibt einen Überblick über die betrachteten Referenz-Architekturen im Bereich Internet der Dinge. Es wurden hierzu Architekturen ausgewählt, welche im Rahmen der wissenschaftlichen Förderprogramme FP7[137]/Horizon2020[138] bzw. CRYSTAL der Europäischen Union entwickelt oder unterstützt werden und einen starken Fokus auf Datenschutz, Sicherheit und Privatsphäre legen.[139] Andere internationale Gruppierungen, wie die IEEE, entwickeln ebenfalls Referenz-Architekturen für den Bereich IoT. Durch den genannten Fokus werden jedoch für diese Arbeit bewusst Projekte der EU gewählt.[140] Horizon ist das größte EU-Forschungs- und Innovationsprogramm mit knapp 80 Mrd. Euro Finanzierung über sieben Jahre hinweg (2014 – 2020) und löste 2015 das Programm FP7 ab.[141]

Das Projekt CRYSTAL beschäftigt sich damit, eine Interoperabilitätsspezifikation als offenen europäischen Standard für die Entwicklung sicherheitskritischer eingebetteter Systeme in der Luft- und Raumfahrt sowie der Schienen- und Gesundheitsversorgung zu etablieren und voranzubringen.[142] Die Europäische Kommission gründete 2015 die Alliance for Internet of Things Innovation (AIOTI) mit dem Ziel, den Dialog und die Interaktion zwischen den verschiedenen Forschungseinrichtungen und Industriezweigen im Bereich IoT zu fördern, um einheitliche Standards zu entwickeln. Das Hauptziel hierbei ist die Einführung eines dynamischen europäischen IoT-Ökosystems, um das volle Potential ausschöpfen zu können.[143] Diese Architekturen werden von einer Vielzahl akademischer For-

---

[137] Vgl. European Commission (2017a).
[138] Vgl. European Commission (2017b).
[139] Vgl. CRYSTAL (2017).
[140] Vgl. Minerva et al. (2015): S. 10f.
[141] Vgl. European Commission (2017b).
[142] Vgl. CRYSTAL (2017).
[143] Vgl. AIOTI (2017).

schungseinrichtungen sowie von Industriepartnern als Referenz für weitere Forschungen und Entwicklungen herangezogen. Deshalb kann erwartet werden, dass sie in Zukunft eine dominierende Rolle sowohl im Bereich Forschung und Entwicklung als auch für den Einsatz als Produktivsysteme einnehmen. Darüber hinaus bietet der Open-Source-Ansatz eine hohe zukünftige Wiederverwendbarkeit – sei es partiell oder vollumfänglich.[144] Deshalb ist eine Sicherheitsüberprüfung dieser Architekturen unabdingbar. Weitere IoT-Architekturen werden von vielen Unternehmen entwickelt, u. a. auch von Microsoft,[145] Amazon,[146] IBM[147] oder Bosch,[148] welche teilweise auf den Referenzarchitekturen aus den zuvor genannten EU-Programmen aufbauen.[149]

Zur Vermeidung von Bevorteilung wurde in dieser Arbeit auf die Auswahl von proprietären Architekturen verzichtet und nur Open-Source-Systeme für einen Vergleich herangezogen.

6.2 FIWARE

FIWARE ist Teil des Future Internet Public-Private Partnership (FI-PPP),[150] ein europäisches Programm für Innovationen rund um das Internet mit dem Ziel, die Entwicklung und die Übernahme von zukünftigen internetbasierten Technologien zu beschleunigen und auszuweiten. Darüber hinaus wird der europäische Markt für intelligente Infrastrukturen zur Steigerung der Effektivität von Geschäftsprozessen über das Internet gefördert. Infolgedessen wurde das branchenorientierte Vorhaben durch eine gemeinsame Finanzierung zwischen der Europäischen Kommission sowie privaten Investoren aus der europäischen Industrie vorangetrieben und umgesetzt.[151]

---

[144] Vgl. Gluhak et al. (2016): S. 5ff.

[145] Vgl. Microsoft (2017a).

[146] Vgl. Amazon (2017).

[147] Vgl. IBM (2017).

[148] Vgl. Bosch (2017).

[149] Vgl. Gluhak et al. (2016): S. 79ff.

[150] Vgl. Future Internet (2017).

[151] Vgl. FI-PPP (2017).

6.2.1 Übersicht

FIWARE ist eine offene und cloudbasierte Middleware-Plattform, die eine Reihe von Tools um ein innovatives Ökosystem für die Erstellung neuer Anwendungen und Internetdienste bietet. Die Plattform bietet OpenStack-basierte Cloud-Funktionalitäten und eine Reihe von open-source-basierten Schnittstellen, Tools und Bibliotheken unter dem Name Generic Enablers (GEs) an.[152]

FIWARE GEs sind in verschiedene technologische Bausteine unterteilt (siehe Abbildung 3). Hier liegt der Fokus nur auf den für diese Arbeit relevanten Bausteinen, die in der Abbildung dick umrandet sind. Nicht relevante Bausteine werden zur besseren Übersicht der Gesamtarchitektur ebenfalls mit aufgenommen, jedoch grau dargestellt. Funktionale Komponenten der Architektur, für die zwar Schnittstellen und Werkzeuge über FIWARE zur Verfügung gestellt werden, die jedoch nicht direkter Bestandteil der Architektur sind, werden mit gestrichelter Linie dargestellt. Dazu zählen Komponenten der unteren Architekturschicht wie Geräte, Edge-Gateways, Netzwerke sowie lokale Infrastrukturkomponenten.[153]

Als Beispiel bietet die IoT-Schicht Werkzeuge für die Verbindung, Überwachung und Konfiguration von Sensoren und anderen Geräten, während die Applikationsschicht leistungsstarke Tools für die Entwicklung von Schnittstellen für BI bietet. Die GEs innerhalb des Sicherheitsbausteins (Security) umfassen Werkzeuge zur Zugriffssteuerung und Identitätsverwaltung, zum sicheren Austausch und zur sicheren Speicherung von Daten, für Überwachungsfunktionen sowie zur Anonymisierung von Daten innerhalb der verwendeten Datenbanken.[154]

FIWARE bietet mittels Context Broker GE einen Mechanismus an, um eine große Menge kontextbezogener Informationen sammeln, generieren, veröffentlichen und abfragen zu können. Darüber hinaus können über REST-APIs Daten aus unterschiedlichen Quellen eingespeist werden.[155] Für den Einsatz und die Verwaltung von Daten aus Sensoren, Aktoren und anderen Geräten stellt FIWARE im Da-

---

[152] Vgl. FIWARE (2017b).

[153] Vgl. FIWARE (2017b).

[154] Vgl. FIWARE (2017a).

[155] Vgl. FIWARE (2016c); FIWARE (2016j).

ten-Baustein (Data) eine Reihe von GEs bereit, um den Zugriff auf die relevanten Informationen mittels REST-API zu ermöglichen.[156]

FIWARE bietet einen breiten Katalog von generischen Schnittstellen an, die jeweils auf offenen Standard-APIs basieren. Dies soll Entwicklern und Datenarchitekten durch geringe Komplexität helfen, eine Vielzahl von Systemen integrieren und anbinden zu können. Jede HTTP-Anforderung an eine REST-API erfordert hierbei eine Authentifizierung, wobei unterschiedliche Authentifizierungsmethoden unterstützt werden. FIWARE-REST-APIs unterstützen XML oder JSON als Repräsentationsformat für Anforderungs- oder Antwortparameter, um so standardisierte Schnittstellen für die Konfiguration bereit zu stellen. Für eine Kommunikation zwischen der unteren Geräteschicht und der oben angesiedelten Diensteschicht werden die zuvor genannten standardisierten Protokolle innerhalb der Architektur zusammengefasst und als Verbundschnittstelle eingesetzt (NSGI). Ebenfalls werden GEs zur Übersetzung von nicht-standardisierten Protokollen bereitgestellt.[157]

Für IoT stellt FIWARE Lab ein weit verteiltes, cloudbasiertes Experimentierumfeld dar, in welchem Technologieanbieter und Einzelpersonen Lösungen entwickeln, Probleme eruieren und damit experimentieren können. Die dazu genutzten Datensätze werden von der FIWARE-Gemeinschaft veröffentlicht und können von anderen Mitgliedern dieser Gemeinschaft zu Testzwecken genutzt werden.[158]

---

[156] Vgl. FIWARE (201b).
[157] Vgl. FIWARE (2017a).
[158] Vgl. FIWARE (2017a).

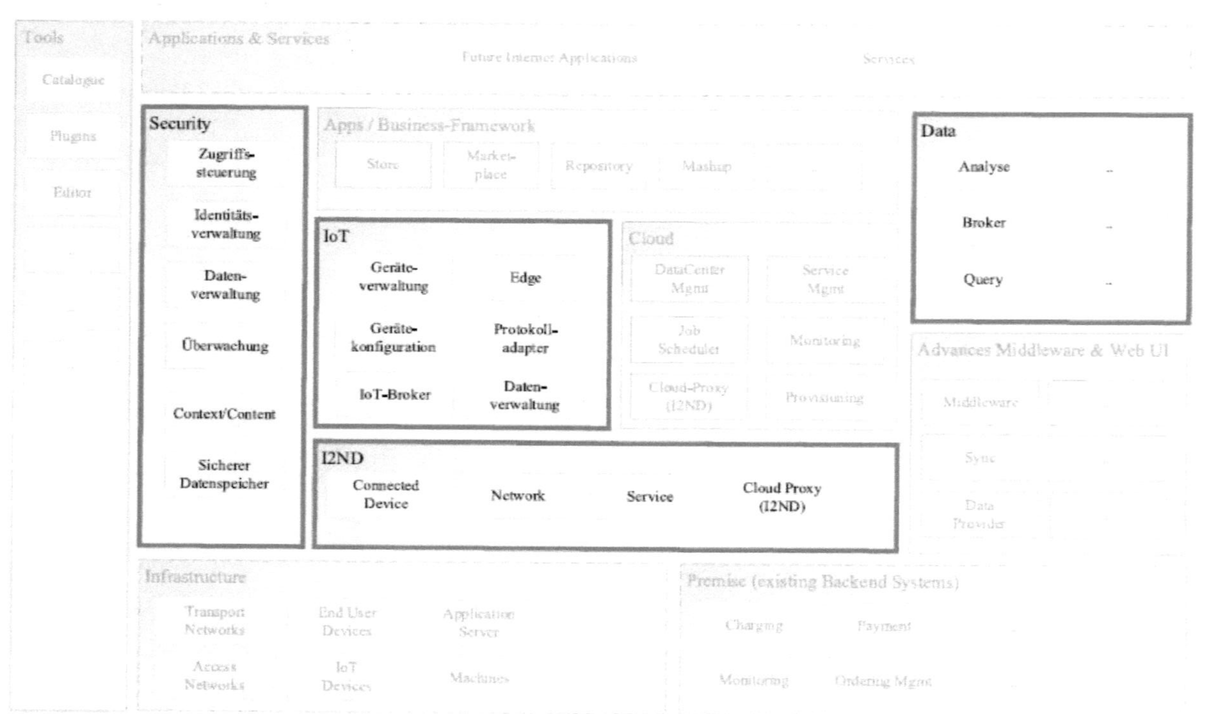

Abbildung 3: FIWARE-Architektur mit funktionalen Komponenten, Quelle: In Anlehnung an FIWARE (2017b).

6.2.2 Implementierung der datenschutz- & sicherheitsrelevanten Anforderungen

In diesem Kapitel wird FIWARE auf die in Kapitel 5.3 ausgearbeiteten datenschutz- und sicherheitsrelevanten Anforderungen hin verglichen.

Robustheit

Über die IoT-Device-Composition-&-Discovery-GE (IDC) können Geräte implementiert und auf abstrakter Ebene zusammengefasst werden, wodurch eine bessere Übersicht bei Ausfällen und Fehlern gegeben ist. Ebenfalls müssen die angeschlossenen Geräte nicht zwingend jederzeit mit dem Backend verbunden sein, sondern können sich bei Bedarf selbstständig ausschalten, um Strom zu sparen und sich vor Angriffen zu schützen.[159] Die Backend-Device-Management-GE (BDM) übernimmt die automatisierte Registrierung von Geräten und erlaubt, diese auf einfachem Weg einzubinden. Mittels *Southbound-API* -Protocol-Adaption werden die meisten Open-Source-APIs unterstützt und können nachträglich implementiert werden, was eine bessere Standardisierung und damit eine bessere Überwachbarkeit der Geräte bietet. Jedoch fehlen tiefgreifende Implementierungen in die Architektur und die Firmware bzw. das Betriebssystem, um eine umfängliche Robustheit der Geräte gewährleisten zu können.[160] Einige Funktionen sind in Arbeit, wie bspw. eine proaktive Erkennung von Attacken, ebenso eine topologische Überprüfung hin auf Verwundbarkeit. Diese sind noch nicht in die Architektur implementiert und folgen erst in zukünftigen Versionen.[161]

Netzwerksicherheit

FIWARE implementiert die Netzwerkschicht mittels seiner Interface-to-Networks-and- Devices-Architektur (I2ND). Hierüber ist es möglich, standardisierte Netzwerke miteinander zu verbinden. I2ND besteht aus vier dedizierten GEs. Über das Connected-Device -Interface-GE (CDI) findet die Kommunikation der Geräte untereinander über ein virtuelles Local Area Network (VLAN) statt, ebenfalls bietet diese Schnittstelle einen Remotezugriff auf die Geräte über die zentrale Kontrollumgebung.[162] Über die Java-Security-Encryption als Teil der CDI-GE können andere in FIWARE angesiedelten GEs für kryptographische Vorgänge

---

[159] Vgl. FIWARE (2016a).
[160] Vgl. FIWARE (2016f).
[161] Vgl. FIWARE (2017c).
[162] Vgl. FIWARE (2016d).

wie die Ver- und Entschlüsselung der Netzwerkkommunikation und die Verwaltung von digitalen Signaturen angesprochen werden.[163] Über die Cloud-Edge-GE (CE) können räumlich entfernte private Geräte- und Gateway-Netzwerke miteinander verbunden und zentral überwacht werden. Ebenfalls ist es möglich, Geräte und Dienste in privaten Netzwerken dediziert für öffentliche Zugriffe zugänglich zu machen. Dies ist Teil der von FIWARE vertretenen Future-Internet-Infrastructure-Philosophie zur Umsetzung von Multi-Domänen-Zugriffen, die Operatoren unterschiedlicher Domänen Zugriff auf dedizierte und verteilte Geräte gewähren soll. Über die Network-Information-Control-GE (NEIC) wird die Kommunikation zwischen eingebundenen offenen Netzwerken geregelt und überwacht. Über die Service-Capability-Connectivity-&-Control-GE (S3C) werden alle angeschlossenen Netzwerke und Netzwerkumgebungen virtuell zusammengefasst und folgen über diese Schicht den gängigen IoT-Netzwerkkommunikationsstandards wie Next Generation Networks (NGNs) oder Next Generation Mobile Networks (NGMNs).[164]

Für die Übermittlung der Daten von S3C-GEs in Richtung Daten-GEs wurden noch keine spezifischen Prozess-Schnittstellen implementiert, jedoch können dafür offene Standards wie REST genutzt werden. Hierfür liegt jedoch noch keine Standardisierung vor. Die Interaktion zu den FIWARE-Security-GEs ist jedoch gegeben – hierüber können Profildaten und -berechtigungen sowie weitere für die Identitätsverwaltung benötigte Informationen zur Authentizitätsüberprüfung genutzt werden.[165] Ebenfalls lässt sich hierüber die Integrität der Netzwerkkomponenten und Teilnehmer und somit deren Vertraulichkeit überprüfen. Die Verfügbarkeit der Netzwerke kann durch FIWARE nur überwacht werden, jedoch gibt es keine spezifischen Funktionalitäten, die diese hochverfügbar bereit stellen können.[166]

Identitäts- & Zugriffsverwaltung

Das Gesamtziel der Sicherheitsarchitektur von FIWARE ist es, die Vision eines schon durch Designvorgaben abgesicherten Internets umzusetzen. Hauptbestandteile hiervon sind Module zur Identitätsverwaltung, Autorisierung und Zugriffs-

---

[163] Vgl. FIWARE (2015a).

[164] Vgl. FIWARE (2016d).

[165] Vgl. FIWARE (2016e).

[166] Vgl. FIWARE (2017c).

kontrolle.[167] Über die Identity-Management-GE (IdM) können Benutzer-, Organisations- und Anwendungs-Identitäten sowie deren Authentifizierung implementiert und verwaltet werden. Ebenfalls bietet FIWARE ein domänenübergreifendes IdM mittels IETF-zertifizierten[168] Systemen an. Eine REST-API für die Verwaltung von Identitäten in multi-mandantenfähigen Cloud-Umgebungen für Anwendungen und Dienste ist implementiert.[169]

Ebenfalls ist ein flexibles Management von organisations- und anwendungsspezifischen Rollen und Berechtigungen, sowie eine Zuordnung von Benutzerrollen zu den Berechtigungen eingeführt worden. Entwickler können hierüber ihre Anwendungen registrieren und Sicherheitsrichtlinien definieren. Endanwender nutzen die IdM-GE zur Selbstregistrierung sowie für das Profil- und Organisationsmanagement. Alle Benutzer und Anwendungen interagieren mit IdM zur Authentifizierung und können via *OAuth* für Client-Applikationen von Drittanbietern berechtigt werden. Dabei interagieren *Performance Enhanced Proxys* mit der IdM-GE, um *Zugangs-Tokens* zu erhalten und ggf. auf Backend-Anwendungen zuzugreifen. Ebenfalls können via eines *Policy Enforcement Point (PEP)* Userinformationen der angeforderten Tokens zu Sicherheitszwecken übermittelt werden.[170]

Über die Authorization *Policy Decision Point* GE (*PDP*) können Autorisierungsrichtlinien im *XACML*-Format verwaltet werden. Diese erzwingen, basierend auf den zuvor definierten Richtlinien, Entscheidungen darüber, ob eine Entität oder Person Zugriff auf einen Dienst erhält oder nicht. Mittels eines *Proxys* wird ein PEP in Form eines HTTP-Reverse-Proxys über einem geschützten REST-Dienst implementiert. Dieser fängt Anfragen an einen Dienst ab und authentifiziert den Zugriff via IdM-GE, um den anhängenden Zugriffstoken zu validieren. Danach autorisiert er die Anforderung durch Anfrage an den PDP mit Client-Zugriffsinformationen wie z.B. User-Attributen, worauf der PDP auf Grundlage der derzeitigen Autorisierungsregel entscheidet, ob Zugriff gewährt wird oder nicht. PEP gibt die Entscheidung der Anforderung (verweigern/erlauben) des PDP weiter. Wenn die Richtlinie einen Zugriff erlaubt, leitet dieser die Anfrage an den Dienst weiter und die Antwort des Dienstes zurück an den Client. Hier können auch an-

---

[167] Vgl. FIWARE (2016k).
[168] Vgl. IETF (2017).
[169] Vgl. FIWARE (2016h).
[170] Vgl. FIWARE (2016h).

dere als die vordefinierten Proxys eingesetzt werden, sollte die REST-API nicht unterstützt werden.[171]

Ebenfalls sind standardmäßig gängige Rollen für die Zugriffsverwaltung vordefiniert und können einfach angewandt und genutzt werden. Über die Berechtigungsverwaltung lassen sich Benutzeridentitäten verwalten. Dies setzt eine Bereitstellung vertrauenswürdiger Beziehungen zwischen mehreren Entitäten voraus. Hierüber können neue Benutzer angelegt und registriert, aktualisiert oder gelöscht werden. Ebenso stellt FIWARE einen Mechanismus für einen schnellen Rechteentzug bereit. Auch können Benutzerkonten bereitgestellt und wenn nötig verknüpft werden. Über die Benutzerauthentifizierung können sich Benutzer für Dienste authentifizieren. Dafür stellt FIWARE eine Reihe von offenen Protokollen wie Open-ID, OAuth und *SAML* bereit. Ebenfalls stehen Funktionalitäten für einen *Single-Sign-On*-Zugriff (*SSO*) zur Verfügung. Des Weiteren wird eine Anmeldung via Anmeldeinformationen (Benutzername und Passwort) und Token sowie deren Verwaltung unterstützt. Dabei werden auch gängige Standards wie X509-Zertifikate, RSA-Tokens, Hardware-Dongles, sowie SAML-Tokens unterstützt. Diese können bei Bedarf über die FIWARE-Plattform erneuert, angepasst und gelöscht werden.[172]

Daten- & Informationsschutz

Mittels Data-Handling-GE stellt FIWARE einen Mechanismus zur Steuerung von Attributen und Daten auf der Grundlage einer Datennutzungsrichtlinie bereit. Damit können Richtlinien auf einzelne Daten sowie abstrahierte Datensätze angewandt werden. Wenn eine Anwendung auf Daten zugreift, wird über Richtlinien geprüft, ob die Verwendung der Daten zulässig ist oder nicht. Dadurch können Anwendungen nur auf die über die Nutzungsrichtlinie gewährten Daten zugreifen.[173] Über den Privacy-Enhanced-Policy-Editor wird es Benutzern ermöglicht, den Zugriff auf PIIs auf Grundlage von Richtlinien zu steuern, die an die Daten angehängt werden. Diese Datenhandhabungsrichtlinien regeln, wie lange Daten bei Weitergabe an Dritte erhalten bleiben und nach welchem Zeitintervall diese automatisiert gelöscht werden. Alle Nutzungsrichtlinien für Datenzugriffe auf PIIs

---

[171] Vgl. FIWARE (2016i).
[172] Vgl. FIWARE (2016g).
[173] Vgl. FIWARE (2015b).

können sowohl vom Benutzer selbst als auch von Operatoren eingesehen und angepasst werden.[174]

Des Weiteren werden alle personenbezogenen Daten verschlüsselt abgelegt. Dabei wird der private Schlüssel des Benutzers zur Entschlüsselung und zum Auslesen seiner Daten genutzt. Erst wenn sich ein Benutzer erfolgreich authentifiziert hat, wird dieser Mechanismus auf die benötigten Daten in Gang gesetzt. Die Technologien zur Verbesserung der Privatsphäre konzentrieren sich in erster Linie auf spezielle Attribute eines Benutzers oder Dienstes, welche bei Bedarf während des Anmeldeprozesses granular preisgegeben werden können. Somit werden nur Attribute nach außen gegeben, die wirklich benötigt werden. Die Privacy-GE arbeitet hierbei eng mit der IdM-GE zusammen und erweitert deren Funktionalitäten mit datenschutzrelevanten Zugriffsrichtlinien, die sich in der Authentifizierung und der Berechtigungsverwaltung widerspiegeln. Über Zugangsrichtlinien können Benutzern spezielle Rechte auf unterschiedliche Dienste gewährt werden. PIIs können via PEP kontrolliert und angepasst werden.[175]

FIWARE stellt hierbei Funktionalitäten bereit, um einzelne Benutzer mehrere Identitäten von unterschiedlichen Identitätsanbietern nutzen zu lassen. Die Verknüpfung der einzelnen Identitäten können unterdrückt werden, womit einer Sammlung von Benutzerattributen für PIIs über mehrere Identitätsanbieter hinweg entgegengewirkt werden kann. Auch können Benutzer granular bestimmen, welche Attribute einem Identitätsanbieter zur Verfügung stehen sollen. Damit liegt es in der Hand des Benutzers, welche Attribute er welchen Identitätsanbietern übermitteln möchte. Die sichtbaren Attribute können über unterschiedliche Identitätsanbieter hinweg autark eingerichtet werden. Des Weiteren können alle Funktionalitäten einer *PKI*-Infrastruktur, wie der Entzug von Rechten oder eine hardwaregebundene Rechteerstellung, umgesetzt werden. Mehrere unterschiedliche Tokens eines Benutzers können nicht verknüpft werden, es sei denn, diese werden zu Beginn für diese Szenarien eingerichtet. Benutzer sind bei der Generierung eines neuen Tokens verfolgbar – damit kann ein Benutzer keinen Token generieren, der nicht auf ihn zurück verfolgbar ist. Diese Funktionalität soll jedoch in zukünftigen Versionen angepasst werden.[176]

---

[174] Vgl. FIWARE (2016k).

[175] Vgl. FIWARE (2016k).

[176] Vgl. FIWARE (2016k).

Vertraulichkeit

Die Sicherheits-GEs innerhalb der FIWARE-Architektur bestehen aus drei primären Sets von Anwendungsfunktionalitäten, die den Bereich Identity Management, Datenschutz und sicheres Datenhandling umfassen. Darüber hinaus können Rollen und Regeln für den Zugriff von Diensten und Entitäten auf Daten implementiert werden. Gemeinsam stellen diese Wichtige Elemente einer vertrauenswürdigen Umgebung zur Verfügung, die für Benutzer, Dienste, Geräte und alle Entitäten gelten.[177] Die Definition und Übermittlung von Events und Alarmen wird mittels der Complex-Event-Processing-GE (CEP) gesteuert. Diese analysiert die Ereignisdaten in Echtzeit und generiert gegebenenfalls Alarme auf Basis von zuvor definierten Regeln. Diese Regeln lassen sich über das CEP-GE granular und flexibel definieren.[178] Für die Übertragung der Alarme und Events arbeitet das CEP-GE eng mit anderen GEs wie der Context-Broker-GE zusammen. Die Events werden im NSGI-Format (XML bzw. JSON) über die CEP-REST-Schnittstelle versandt. Hierzu stellt FIWARE keine vordefinierten Regeln für eine einfache Adaption von Alarmen und Meldungen zur Verfügung.[179]

6.3 RERUM

RERUM wurde im Zuge des EU-FP7-Programmes entwickelt. Der Ansatz zielt auf die Schaffung eines Frameworks ab, welches Sicherheits- und Datenschutzmechanismen frühzeitig in der Planungsphase betrachtet und somit als konfigurierbare Elemente in die Architektur eingebettet werden können. Dabei umfasst der Aufbau eine Architektur mit geeigneten Netzwerkprotokollen, Schnittstellen und Hardwarekomponenten für den Bereich SmartCity und SmartHome. Ziel von RERUM ist die Schaffung eines architektonischen Rahmens für eine zuverlässige, belastbare und sichere Entwicklung von IoT-Anwendungen. Das Framework versucht, Sicherheit und Privatsphäre schon in der Designphase umzusetzen und befasst sich mit kritischen Faktoren für den erfolgreichen Aufbau von SmartCity- und SmartHome-Anwendungen. RERUM untersucht Indoor-Anwendungen im Bereich SmartHome sowie Outdoor-Anwendungen für intelligenten Transport

---

[177] Vgl. FIWARE (2016k).
[178] Vgl. FIWARE (2016j).
[179] Vgl. FIWARE (2016b).

und Umgebungsüberwachung auf Faktoren wie den Umgang mit Privatsphäre, Sicherheit und Zuverlässigkeit.[180]

6.3.1 Übersicht

Die funktionale Architektur von RERUM basiert auf dem architektonischen Referenzmodell von IoT-A,[181] folgt jedoch nicht nur einem serviceorientierten Ansatz, sondern bindet ebenfalls die physikalische Geräteschicht bei der Betrachtung der datenschutz- und sicherheitsrelevanten Anforderungen mit ein. Geräte spielen in diesem Ansatz eine gewichtige Rolle, da RERUM nicht den zentralisierten Cloud-Ansatz verfolgt, sondern Teile der Intelligenz dezentral auf die Geräte verteilt und damit dem Edge-Computing-Ansatz folgt. RERUM nutzt jedoch das Basiskonzept von IoT-A als generelle Designvorlage seiner Frameworks und passt dieses an seine eigenen Anforderungen an. Dabei besteht RERUM aus drei Building-Blocks. Über die RERUM-Devices (RDs) können Geräte verwaltet und mit Rechten ausgestattet werden. Dabei können Geräte mit mehreren unterschiedlichen Sensoren genutzt werden. RERUM-Gateways (RGs) bilden das Mittelstück zwischen den RDs und der Middleware-Infrastruktur und übernehmen Funktionen wie die Netzwerk- und Protokoll-Übersetzung, um die RDs – die meist 6LoWPAN oder ZigBee nutzen – mit den restlichen RERUM-Elementen – die meist IPv4 oder IPv6 verwenden – kommunizieren zu lassen. Als dritter Baustein wird die RERUM-Middleware (RMW) zur Bereitstellung von Verarbeitungs- und Servicefunktionalitäten eingesetzt. Hierüber werden Visualisierungs- und Datenprozesse sowie die Datenschutz- und Sicherheitsfunktionen verwaltet und gesteuert. Der Security-Server ist speziell für die Steuerung aller datenschutz- und sicherheitsrelevanten Funktionalitäten verantwortlich und stellt innerhalb des SPT-Manager ein integrales System der RERUM-Middleware dar.[182] Wie im Schaubild dargestellt (siehe Abbildung 4) wird deutlich, dass RERUM keine Dienste auf Applikations-Ebene bereitstellt. Hier werden ausschließlich Schnittstellen für das Business Process Management (BPM) und dessen Logik und Regeln bereitgestellt.[183] Der Communication-&-Network-Manager ist für die Kommunikation zwischen den RERUM-

---

[180] Vgl. Tragos, E. (2015): S. 5ff.

[181] Vgl. IoT-ARM (2017).

[182] Vgl. Moldovan et al. (2016).

[183] Vgl. Tragos, E. (2015): S. 38ff.

Komponenten verantwortlich.[184] Der Service-Manager verwaltet alle auf der RERUM-Plattform angesiedelten Services und virtuelle Entitäten (VEs).[185] Über den GVO-Manager (Generic Virtual Objects) werden vorhandene und neue Geräte entdeckt, identifiziert, registriert und verwaltet. Dabei werden Geräte auf abstrakter Ebene als virtuelle RERUM Devices (VRDs) aufgenommen und weiter abstrahiert in Software-Klassen dargestellt (GVOs).[186] Mittels Federation-Manager werden Föderationen zwischen den VRDs erstellt, um das Zusammenspiel der VEs zur Entwicklung von neuen Diensten und Dienstleistungen zu fördern.[187] Der Configuration-&-Monitoring-Manager ist verantwortlich für die Konfiguration der RMW und RDs, verwaltet und überwacht den Bootprozess sowie deren Ressourcenzustand und generiert bei Übertretung eines vordefinierten Schwellenwertes einen Alarm.[188] Jegliche Form von Datenerfassung und -verarbeitung sowie Extrahierung und Aggregation erfolgt über den Data-&-Context-Manager.[189] Der SPT-Manager (Security, Privacy & Trust) stellt eine Kernkomponente der RERUM-Architektur dar und steuert durch seine Implementierung über alle Schichten hinweg alle Einstellungen zur Sicherheit, Privatsphäre und Vertraulichkeit.[190]

---

[184] Vgl. Tragos, E. (2015): S. 46.
[185] Vgl. Tragos, E. (2015): S. 61.
[186] Vgl. Tragos, E. (2015): S. 65.
[187] Vgl. Tragos, E. (2015): S. 67.
[188] Vgl. Tragos, E. (2015): S. 69.
[189] Vgl. Tragos, E. (2015): S. 81.
[190] Vgl. Tragos, E. (2015): S. 38ff.

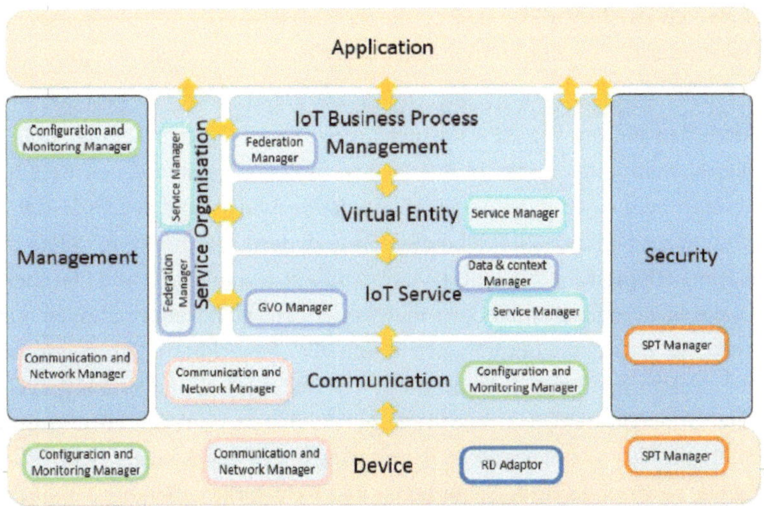

Abbildung 4: RERUM-Architektur mit funktionalen Komponenten, Quelle: Tragos, E. (2015): S. 38.

6.3.2 Implementierung der datenschutz- & sicherheitsrelevanten Anforderungen

In diesem Kapitel wird RERUM auf die in Kapitel 5.3 ausgearbeiteten datenschutz- und sicherheitsrelevanten Anforderungen hin verglichen.

Robustheit

RERUM versucht mittels Edge-Ansatz, so viel Intelligenz und Funktionalitäten wie möglich direkt auf den Geräten abzubilden und diese nicht zwangsläufig auf die Middleware zu bündeln. Damit wird den Geräten mehr Intelligenz zugesprochen, diese werden zu RERUM Devices (RDs). Durch eine weitere Abstrahierung dieser Geräte zu Virtual RDs (VRDs) – die Informationen über diese Geräte werden im GVO-Register gespeichert – können alle Geräte gleichermaßen zentral und dezentral erreicht, gewartet und konfiguriert werden.[191] Der SPT-Mechanismus und oben genannte Kern der RERUM-Architektur wird schon auf der unteren Geräte-Schicht (Device) zur Verschlüsselung und weiteren Privatsphärenkonfiguration implementiert. Ebenfalls wird der Communication-&-Network-Manager schon auf Geräteebene implementiert, um so die Netzwerkkonnektivität und eine Hochver-

---

[191] Vgl. Tragos, E. (2015): S. 28.

fügbarkeit der Netzwerke und der angeschlossenen Geräte zu erlangen, was den Einsatz der Geräte flexibler gestaltet und Fehlern und Ausfällen proaktiv entgegenwirkt.[192]

Durch den Einsatz von RERUM-spezifischen Mechanismen werden Teile des Sicherheitskonzeptes direkt in der Firmware der angeschlossenen Geräte implementiert, was einen effektiveren Manipulationswiderstand gewährleistet. Mittels RD-Adaptor-Funktionalität sind die Geräte in der Lage, direkt und ohne Umwege über die Middleware mit anderen Geräten zu kommunizieren und hierüber aktualisierte Sicherheitseinstellungen und weitere relevante Informationen auszutauschen. Auch kann die Geräteregistrierung über benachbarte Geräte erfolgen, welche die Informationen dann an die RMW weitergeben, um so auf Ausfälle oder Netzwerkengpässe dynamisch reagieren zu können. Über den Firmware-Installer innerhalb des Configuration-&-Monitoring-Managers können neue Firmwarestände, sowie angepasste Sicherheits- und Netzwerkeinstellungen auf erforderliche Geräte verteilt werden. Diese Geräte werden nicht nur zentral über die Middleware gesteuert, jedes angeschlossene Gerät kann in diesen Prozess mit einbezogen werden und Kontrollinformationen an andere Geräte weitergeben.[193]

Netzwerksicherheit

Innerhalb der RERUM-Architektur ist der Communication-&-Network-Manager für die Kommunikationsverarbeitung zwischen allen angeschlossenen Geräten zuständig. Die Funktionalität splittet sich in die zwei Hauptbestandteile Communication-Manager und Network-Manager auf.[194]

Der Communication-Manager setzt sich aus einer Gruppe von funktionalen Komponenten zur nahtlosen Kommunikation zwischen den physikalischen Entitäten zusammen und wird über die RERUM-Architektur bereitgestellt. Dazu gehören die Ende-zu-Ende-Kommunikation von Gerät zu Gerät über hybride Netzwerkinfrastrukturen hinweg, die klassische Netzwerkkommunikation und deren Topologien sowie die Hop-to-Hop-Kommunikation für alternative Kommunikationswege, um die Verfügbarkeit und Erreichbarkeit der Infrastruktur bei Ausfall eines Routing-Gerätes oder Netzwerkes dennoch gewährleisten zu können. Über die

---

[192] Vgl. Tragos, E. (2015): S. 40ff.

[193] Vgl. Tragos, E. (2015): S. 40ff.

[194] Vgl. Tragos, E. (2015): S. 46.

Komponente zur Datenkapselung werden Rohdaten so aufbereitet und mit Header-Informationen versehen, dass diese über das entsprechende Netzwerkinterface übertragen werden können.[195]

Mittels der Komponente zur Protokollübersetzung werden die genutzten Protokolle zur Übertragung der angebundenen Netzwerke in einer Weise umgewandelt, dass diese von allen weiteren Netzwerken und der implementierten Middleware verstanden werden können (Bsp.: IPv4 zu IPv6, IPv6 zu Zigbee). Eine Übersetzung der Protokolle findet entweder direkt auf den Geräten oder auf den Gateways statt, welche meist mit ihrer Routingfunktionalität an mehrere heterogene Netzwerke angeschlossen sind. Des Weiteren werden alle angeschlossenen Geräte mit einer virtuellen Routing-Tabelle ausgestattet, welche auf Informationsbasis der abstrahierten Geräte-Ebene (VRD) von RERUM arbeitet und mögliche Routen zu anderen Endgeräten und Entitäten über die unterschiedlichen Schnittstellen vorhält. Über die CR-Agent-Komponente werden alle Netzwerkschnittstellen und deren Eigenschaften zur Übertragung von Datenpaketen ermittelt und ausgewertet. Somit kann der bestmögliche Kommunikationskanal ermittelt und eine eventuelle Protokollübersetzung vorab definiert und initiiert werden. Mittels der Scheduling-Komponente ist es möglich, Datenpakete zu bevorzugen und ggf. je nach Einstellung einzelne Pakete zur Einsparung von Netzwerkressourcen zu verwerfen, wenn diese nicht in der vorgegebenen Zeit zum Empfänger ausgeliefert werden können.[196]

Die Communication-Security-Komponente ist ein zentraler Bestandteil der RERUM-Architektur zur Steigerung und Wahrung der Sicherheit und Privatsphäre für IoT und gewährleistet durch Verschlüsselung und Geräteauthentifizierung eine sichere und integre Kommunikation zwischen den RERUM-Geräten. Dabei werden durch leichtgewichtige Dienste ebenfalls Geräte mit eingeschränkten Ressourcen unterstützt. Auch erfolgt erst nach erfolgreicher Integritätsüberprüfung eines Gerätes die Übermittlung des verschlüsselten Datenstroms.[197]

Der Network-Manager ist zuständig für die Verwaltung und Konfiguration der Netzwerkkonnektivitäten über die einzelnen Geräte hinweg. Durch den geräteorientierten Ansatz von RERUM wird dem Netzwerkmanagement eine wichtige Rolle

---

[195] Vgl. Tragos, E. (2015): S. 46

[196] Vgl. Tragos, E. (2015): S. 46f

[197] Vgl. Tragos, E. (2015): S. 47.

innerhalb der Architektur zuteil, da nur mit funktionierender Netzwerkumgebung eine nahtlose Kommunikation der Geräte und die erforderliche Ausfallsicherheit gewährleistet werden kann. Hierunter fallen ebenfalls Aufgaben zur kooperativen Entscheidungsfindung zwischen den RDs, welche unterschiedliche Entscheidungsmodi zur Gestaltung der Architektur beinhalten (zentralisierte, verteilte oder hierarchische Lösung). Durch den architektonischen Sicherheitsansatz im RERUM-Modell besteht eine hohe Interaktion zwischen dem Network-Manager, dem SPT-Manager, dem Communication-Manager und dem Configuration-&-Monitoring-Manager, welche durch drei autarke Schnittstellen interagieren. Um die Systemzuverlässigkeit trotz Ausfällen gewährleisten zu können, sollte die Erkennung eines Fehlers so schnell wie möglich erfolgen, um die Zeit zwischen den Ausfällen zu maximieren. In Bezug auf Netzwerkfehler wurde die Network-Monitor-Komponente implementiert, welche durch einen selbstüberwachenden Mechanismus die Geräte in die Lage versetzt, sowohl sich selbst als auch die benachbarten Geräte in einem Netzwerk zu überwachen und Fehler zu erkennen. Dabei werden Parameter wie der Gerätestatus (an/aus), Batterielebensdauer, Verbindungsqualität, Durchsatz und Verzögerung, die Größe der Übertragungswarteschlange, Kollisionszahlen, Paketfehlerraten und andere kritische Netzwerkstatistiken überwacht.[198]

Identitäts- & Zugriffsverwaltung

Über den Configuration-Manager werden Identitäten und Benutzer, Berechtigungen und Tokens verwaltet und Richtlinien festgelegt. Dazu stehen die untergeordneten Module Identity-&-User-Manager, Trusted-Credential-Store und Authorization-Policies-Manager zur Verfügung. Über den Identity-&-User-Manager erfolgt sowohl die Überprüfung der Benutzerrechte bei Zugriff auf Komponenten durch Verifizierung der Anmeldeinformationen und Berechtigungen als auch die Zuweisung der erforderlichen Attribute durch Systemoperatoren. Administratoren erhalten Rechte auf Attribute und die darunterliegenden Entitäten. Der Configuration-Manager gibt nach erfolgreicher Prüfung die Anmeldedaten sowie die Berechtigungsinformationen an nachgelagerte Dienste und Komponenten weiter und sichert so zentral die Benutzersteuerung. Mittels Trusted Credential Store werden Anmeldedaten sowie Schlüssel und Tokens sicher in einer verschlüsselten Datenbank abgelegt. Der Authorization-Policies-Manager regelt die Festlegung

---

[198] Vgl. Tragos, E. (2015): S. 58ff.

der Sicherheitskriterien, ob Zugriff auf ein RERUM-System gewährt oder abgelehnt werden soll. Die Kriterien werden dabei in standardisierter Form gespeichert, sodass diese später durch den *Policy Retrieval Point (PRP)* an den PDP übermittelt werden und dort Entscheidungen während des Anmeldeprozesses getroffen werden können (erlauben/verweigern).[199]

Innerhalb des Security-Manager als Teil des SPT-Moduls sind die Komponenten D2D-Authenticator, PEP, PDP, PRP und der Identity Agent (IdA) angesiedelt, welche für die Authentifizierungs-, Autorisierungs- und Berechtigungsverwaltung zuständig sind und mit dem Configuration-Manager interagieren.[200] Dabei ist der D2D-Authenticator rein für die Autorisierung und Authentifizierung zwischen Entitäten und Geräten zuständig und wird als Dienst dezentral auf jedem RD autark ausgeführt. Jedes Gerät kann durch die Nutzung des D2D-Authenticator eines anderen Gerätes über die derzeitigen Sicherheitsberechtigungen und Tokens verifiziert werden. Dieses Gerät stellt nun zur kompletten Laufzeit der Autorisierung und Authentifizierung die Verifizierungsschnittstelle dar. Dabei werden die erforderlichen Tokens zentral im Trusted Credential Store gespeichert, wobei das Gerät mit derzeitiger D2D-Authenticator-Verifizierungsrolle nur Zugriff auf die benötigten Tokens und Sicherheitsberechtigungen erhält, die für den derzeitigen Autorisierungs- und Authentifizierungsprozess benötigt werden.[201]

Ebenfalls wird in RERUM ein PRP-Modul eingesetzt, welches die Sicherheitsrichtlinien für die angeforderten Dienste vom Configuration Manager aufnimmt und an das PDP weiterleitet. Dabei stellen die Eingangsinformationen eine protokollunabhängige Anfrage dar, welche durch den PRP aufbereitet als Richtliniendaten und -regeln an den PDP weitergeleitet werden.[202]

Daten- & Informationsschutz

Funktionale Komponenten für den Bereich Privatsphäre sind ebenfalls Bestandteil des SPT-Managers und lassen sich in acht Komponenten mit unterschiedlichen Aufgaben gliedern.[203]

---

[199] Vgl. Tragos, E. (2015): S. 70ff.

[200] Vgl. Tragos, E. (2015): S. 86ff.

[201] Vgl. Tragos, E. (2015): S. 92f.

[202] Vgl. Tragos, E. (2015): S. 96.

[203] Vgl. Tragos, E. (2015): S. 98

Der Consent-Manager als Teil des SPT ist ein zentralisierter Zugangspunkt für Benutzer, Dienste und Middleware-Anwendungen und verwaltet die gesammelten Daten. Diese können mittels Zustimmungsmechanismen granular für die weitere Nutzung freigegeben werden – je nachdem, welche rechtlichen Grundlagen am Standort vorherrschen und welche Dienste auf bestimmte Daten und Datensätze beschränkt werden sollen. Ebenfalls kann hierüber den Benutzern die Verwendung ihrer personalisierten Daten transparent per User-Agent über eine Web-GUI oder browserbasierte Applikation aufgezeigt werden. Möchte der Data-Controller auf einen Datensatz mit personalisierten Daten zugreifen, muss dieser zuerst die Berechtigung beim Consent-Manager einfordern. Dieser stellt dann eine Verbindung zwischen der IoT-Komponente oder dem schon gespeicherten Datensatz her und überträgt nach erfolgreicher Authentifizierung und Berechtigungsüberprüfung diese zum gewünschten Dienst.[204]

Über den Privacy Policy Enforcement Point werden Berechtigungsregeln in Form von Datenschutzrichtlinien für personenbezogene Daten verwaltet. Bei jeder Anfrage über den Consent-Manager werden zuerst die Datenschutzrichtlinien auf die Weiterreichung von personenbezogenen Daten hin geprüft und anschließend für den Consent-Manager freigegeben. Dies kann entweder direkt auf den VRDs geschehen, oder entkoppelt auf einer Middleware-Komponente. Ebenfalls werden die Daten schon während der Übertragung sowie bei der Speicherung und vor Weitergabe an andere Dienste auf Konsistenz der Datenschutzrichtlinien hin überprüft.[205]

Da viele Nutzer einer IoT-Anwendung wegen fehlendem technischen Hintergrund nicht mit einem Policy-Language-Editor wie XACML zur Definition von Regeln zur Privatsphäre umgehen können, bietet RERUM hier mittels Privacy-Dashboard eine grafische Benutzerschnittstelle, welche die Sicherheitseinstellungen der gewählten RDs visuell aufbereitet und dem Benutzer einfache Einstellungsmöglichkeiten in Bezug auf Privatsphäre- und Datenschutzoptionen mittels Drag-&-Drop und Auswahlfeldern bietet. Diese werden dann in detaillierte XACML-Regeln übersetzt und direkt auf den IoT-Geräten oder in den Middleware-Komponenten abgespeichert.[206]

---

[204] Vgl. Tragos, E. (2015): S. 98ff.

[205] Vgl. Tragos, E. (2015): S. 102f.

[206] Vgl. Tragos, E. (2015): S. 104f.

Die sichere Sammlung und Verarbeitung von personenbezogenen Daten ist eines der Hauptprinzipien im RERUM-Design. Um dies zu erreichen, wird mittels Deactivator/Activator of Data Collection granular gesteuert, welche personenbezogenen Daten über welches RD gesammelt und weiterverarbeitet werden sollen. Über die genutzten Middleware-Komponenten können bestimmte Applikationen und Dienste vom Erhalt solcher Daten ausgeschlossen werden. Dies kann über das User-Privacy-Dashboard eingestellt und verwaltet werden. Hier werden alle zugehörigen Geräte und Dienste eines Benutzers angezeigt und eine zentrale Aktivierung bzw. Deaktivierung der Datenweitergabe ermöglicht. Ist ein Gerät oder eine Anwendung nicht erreichbar, übernimmt der Data Collector diese Aufgabe und blockiert jede Anfrage bzw. Kommunikation von und zu der deaktivierten Anwendung oder dem deaktivierten Gerät.[207]

Mittels Privacy Policy Checker stellt RERUM einen Dienst zur Überprüfung von Benutzerattributen für die Authentifizierungsmechanismen bereit, da diese ebenfalls sicher aufbewahrt und gehandhabt werden müssen. Frägt ein Dienst eine Benutzerauthentifizierung an, wird zuerst anhand von definierten Regeln geprüft, ob die Anwendung Zugriff auf die Benutzerattribute und Berechtigungsregeln erhalten darf oder nicht.[208]

Über das Anonymizing-&-Pseudonymizing-Management stellt RERUM einen Mechanismus zur Anonymisierung von Daten direkt auf den RDs oder innerhalb der Middleware-Komponenten bereit. Mittels dieser Funktion ist RERUM in der Lage, direkt nach der Aufnahme von Daten personenidentifizierende Attribute wie Benutzer-IDs zu löschen. Dadurch können die Daten pseudonymisiert und ein Rückschluss auf Personen erheblich erschwert werden. Ebenfalls können Datensätze mittels De-Pseudonymizer wieder so verknüpft werden, dass Rückschlüsse auf einzelne Personen gezogen werden können. Dies ist bspw. für Abrechnungen oder rechtliche Belange nötig.[209]

Über das Privacy-Enhancing-Technologies-for-Geo-Location-Management wird es möglich, GPS-basierte Standortdaten aus dem Datenstrom heraus zu filtern, um

---

[207] Vgl. Tragos, E. (2015): S. 107f.

[208] Vgl. Tragos, E. (2015): S. 108.

[209] Vgl. Tragos, E. (2015): S. 108f.

PII so gering wie möglich zu halten. Dabei wird die Übermittlung von detaillierten Koordinatendaten unterbunden und die Identität des Benutzers anonymisiert.[210]

Vertraulichkeit

RERUM nutzt den Trust-Manager mit seinen fünf funktionalen Komponenten als Kontrollinstanz für die Beurteilung der Vertrauenswürdigkeit aller RERUM-Elemente sowie für alle ein- und ausgehenden Nachrichten. Dabei wird die Beurteilung zur besseren Übersicht in drei unterschiedliche Schichten geteilt. Der Trust-Infrastructure-Layer verwaltet alle RERUM-Komponenten wie RDs oder Middleware auf ihre Vertrauenswürdigkeit hin, der Requestor-Layer alle eingehenden und der Producer-Layer alle ausgehenden Nachrichten und Informationen.[211]

Mittels Trust-Configuration-Manager stellt RERUM eine grafische Schnittstelle zur Konfiguration der Vertrauens- und Reputationskriterien bereit. Über den Reputation-Rules-Configurator können Regeln granular gesetzt und angepasst werden. Dabei werden die Regeln zur besseren Handhabung in einem standardisierten Format dargestellt und bei Implementierung in einzelne Vertrauensregeln für die Trust-Engine formatiert. Diese ist für die Evaluierung der Reputationskriterien verantwortlich und führt die angewandten Regeln aus. Über den Inaccuracy-Alert-Producer werden Fehlermeldungen generiert, sollten neue Messungen sich von den bereits vorhandenen deutlich unterscheiden. Dabei werden aktuelle und bereits übergebene Messwerte sowie Reputationsregeln auf Übereinstimmungen hin verglichen. Über den Inaccuracy-Alert-Reactor können bei auftretenden Fehlern Mitteilungen generiert werden. Über die Interfaces-for-Trust-Compo-nents als fünfte funktionale Komponente des Trust-Managers können die generierten Fehlermeldungen entsprechend aufbereitet und über die hier angesiedelte Nachrichten- bzw. Event-Schnittstelle weitergeleitet werden. Somit sind alle ein- und ausgehenden Daten, sowie alle Entitäten innerhalb des Trust-Managers aufgenommen und können auf ihre Vertraulichkeit über die drei definierten Stufen hinweg überprüft werden.[212]

---

[210] Vgl. Tragos, E. (2015): S. 110ff.

[211] Vgl. Tragos, E. (2015): S. 114

[212] Vgl. Tragos, E. (2015): S. 114ff.

7 Bewertung der Referenz-Architekturen

In diesem Kapitel werden die Referenz-Architekturen auf ihre Sicherheitsanforderungen hin bewertend verglichen und auf bestehende Mängel untersucht. Weiter werden die Referenzarchitekturen in Bezug auf die in Kapitel 5.3 definierten datenschutz- und sicherheitsrelevanten Faktoren zusammenfassend beschrieben. Dadurch soll eine Übersicht der Architekturen und der umgesetzten datenschutz- und sicherheitsrelevanten Anforderungen ermöglicht werden.

Robustheit

Beide Architekturmodelle haben einen Ansatz zur Steigerung der Robustheit integriert, jedoch auf unterschiedlichen Ebenen. Während FIWARE sich hauptsächlich auf die Middleware-Komponenten sowie die oberen Architektur-Schichten fokussiert und die Endgeräte bezüglich Robustheit zu großen Teilen ausblendet, ist der Ansatz bei RERUM viel tiefgreifender in den unteren Schichten umgesetzt, lässt jedoch die oberen Schichten zu großem Teil außer Acht. FIWARE bietet zwar eine Fehlererkennung und gute visuelle Darstellung der einzelnen Geräte, jedoch kann nicht proaktiv auf Fehler reagiert werden. Ebenfalls ist FIWARE mit seinem zentralisierten Ansatz fehleranfällig für Infiltrierungen. Die Middleware-Dienste und -Komponenten stellen einen Single Point of Failure (SPOF) dar, wenn sie nicht korrekt und in ausreichender Form geclustert und hochverfügbar betrieben werden. RERUM hingegen bildet mit seinem dezentralisierten Edge-Computing-Ansatz mehr Dynamik gegen Ausfälle einzelner Dienste oder Komponenten in der IoT-Infrastruktur. Ebenfalls werden sicherheitsrelevante Aspekte schon auf der untersten Geräteschicht tief in die Systeme verankert und ebenfalls über alle weiteren Schichten hin konsequent umgesetzt und implementiert, was bei FIWARE nicht der Fall ist. Somit ist bei RERUM im Vergleich zu FIWARE ein höherer Manipulationswiderstand sowie eine schnellere Wiederherstellung des operativen Betriebs bei Ausfall einzelner Komponenten gegeben.

Netzwerksicherheit

Jedes der ausgewählten Modelle betrachtet Netzwerksicherheit als wichtigen Aspekt und setzt die Punkte Authentizität, Integrität und Verschlüsselung erfolgreich um. Jedoch ist auch hier RERUM mit seinem über alle Schichten hinweg implementierten SPT-Manager besser aufgestellt als FIWARE. Die Wahrung der Verfügbarkeit der Netzwerke wird nur von RERUM umgesetzt und bei FIWARE vernachlässigt. FIWARE setzt stark auf die Nutzung heterogener Netzwerke und deren Zusammenspiel für eine reibungslose Kommunikation, jedoch wird hier kein starker Fokus auf die Verschlüsselung des Netzwerkverkehrs und die Verwaltung der dazu benötigten digitalen Signaturen gelegt. Auch setzt FIWARE, ebenso wie RERUM, die Nutzung von Multi-Domänen-Anwendungsfällen sehr gut um. Jedoch gibt es keine FIWARE-spezifischen Module, um die Verfügbarkeit der Netzwerke vollumfänglich für IoT-Szenarien umzusetzen. Hier muss auf klassische Methoden zur Wahrung der Hochverfügbarkeit auf Netzwerkebene zurückgegriffen werden. RERUM hingegen findet auch hier einen Weg, alle Aspekte und Faktoren der Netzwerksicherheit detailliert und in Tiefe umzusetzen.

Durch die Abstrahierung der RDs wie auch der Netzwerke und deren Komponenten einerseits sowie des dezentralisierten Ansatzes andererseits wird es im RERUM möglich, Fehler schnell und effektiv zu umgehen und die Infrastruktur auch unter schweren Bedingungen operativ nutzbar zu halten, während Fehler beseitigt werden können. Alle RDs verwalten sich gegenseitig, tauschen den aktuellen Status des Netzwerks aus und können so schnell, dynamisch und effektiv auf Änderungen, Angriffe oder Ausfälle reagieren. Ebenfalls wird der Aspekt Integrität umfänglicher von RERUM umgesetzt. Hier gilt ebenfalls der dezentrale Ansatz, wobei sich alle Geräte untereinander autorisieren und ebenfalls Rechte wieder absprechen können. Auch bei FIWARE erfolgt die Authentifizierung der Geräte vor Übertragung der eigentlichen Daten, jedoch kann es bei Kommunikationsabbrüchen hin zu den benötigten Middleware-Komponenten zu großen Verzögerungen oder gar Fehlern kommen. Auch können hierbei kritische Echtzeitdaten in großer Zahl verloren gehen und den operativen Betrieb durch die fehlenden Überwachungsinformationen erheblich beeinträchtigen.

Identitäts- & Zugriffsverwaltung

Die Identitäts- und Zugriffsverwaltung ist ein wesentlicher Bestandteil des IoT-Konzeptes und wird von beiden Architekturen ebenfalls als essentielle Anforderung betrachtet. Dabei bieten die Architekturen unterschiedliche Mechanismen zur Implementierung. FIWARE lässt diesen Funktionalitäten eine zentrale Rolle zukommen und setzt das IdM-GE als elementaren Baustein seines Architekturkonzeptes um. Mechanismen zur Authentifizierung und Autorisierung von Personen, Geräten und Diensten sind tief implementiert. Ebenfalls zeigt das Berechtigungskonzept umfangreiche Anpassungsmöglichkeiten auf, um den Anforderungen im IoT-Umfeld gerecht zu werden. Auch hier wird der Fokus stark auf die Nutzbarkeit in Multi-Domänen-Anwendungsfällen gelegt. RERUM implementiert die Identitäts- und Zugriffsverwaltung in seiner Architektur im Unterschied zu FIWARE als Teil des übergeordneten SPT-Managers, jedoch werden auch hier alle

Punkte erfolgreich für die Nutzung in IoT-Szenarien umgesetzt. Ebenfalls spielt der dezentrale Ansatz, respektive die Geräte-zu-Geräte-Kommunikation, auch hier eine gewichtige Rolle und erfüllt ebenfalls die Bedürfnisse zukünftiger IoT-Szenarien.

Daten- & Informationsschutz

Auch der Daten- und Informationsschutz stellt einen wesentlichen Bestandteil des IoT-Konzeptes dar. Dieser ist jedoch nicht aus technischer Relevanz heraus begründet, sondern um die gesellschaftliche Akzeptanz von IoT zu stützen. Beide Architekturen setzen den Daten- und Informationsschutz detailliert und umfänglich um, jedoch auch hier mit unterschiedlichen Ansätzen. FIWARE stellt ein eigenes Modul bereit, welches Daten und Informationen je nach vordefinierten Richtlinien ohne PII speichert und vor Zugriffen schützt. Dadurch können Daten anonymisiert und pseudonymisiert verarbeitet und Rückschlüsse auf Personen je nach Anforderungen erschwert werden – jedoch auch nur bis zu einem gewissen Grad.

Auch sind Benutzer in der Lage, jederzeit den Umfang der gespeicherten Daten und die Zugriffe auf die eigenen PII zu überprüfen. RERUM stellt diese Mechanismen ebenfalls bereit, geht mit seiner grafisch aufgearbeiteten Benutzerschnittstelle zur Definition des Datenschutz-Regelwerkes als Self-Service jedoch noch einen Schritt weiter und ermöglicht damit eine verbesserte Benutzererfahrung. Auch hier kann RERUM wieder mit seinem dezentralen Ansatz punkten, wobei Daten bereits auf den Geräten vor der eigentlichen Übertragung hin auf die definierten PII-Richtlinien angepasst oder geschwärzt werden können. Beide Modelle setzen die Nutzung in Multi-Domänen-Anwendungsfällen um und bieten den Nutzern die Möglichkeit, domänenübergreifend die über sie gesammelten Daten einzusehen und Zugriffe darauf granular zu beschränken.

Vertraulichkeit

Die Vertraulichkeit der genutzten Komponenten, Daten und Entitäten spielt im IoT-Umfeld eine entscheidende Rolle, ebenfalls die Vertrauenswürdigkeit der Informationsquellen und der anfragenden Dienste. FIWARE implementiert diese Funktionalitäten verteilt auf unterschiedliche Komponenten seiner Architektur. RERUM hingegen hält mit seinem Trust-Manager eine zentrale Verwaltungsstelle vor. FIWARE legt hierbei den größten Fokus auf Daten und Entitäten, während RERUM Endgeräte stark miteinbezieht, jedoch die eingebundenen Dienste nicht fokussiert. Auch stellt FIWARE keine vordefinierten Regeln zur Überwachung der

Vertraulichkeit und anschließender Fehlergenerierung bereit, diese vordefinierten Regeln sind jedoch Bestandteil des RERUM-Konzeptes für eine bessere Benutzererfahrung.

8 Zusammenfassung

Dieses Kapitel gibt eine Zusammenfassung der in den vorherigen Kapiteln gewonnenen Erkenntnisse. Dabei wird einmal der Aufbau der Referenz-Architekturen vergleichend betrachtet sowie auch die Implementierung der datenschutz- und sicherheitsrelevanten Aspekte innerhalb der Architekturen aufgezeigt.

8.1 Umsetzung der architektonischen Anforderungen

Grundsätzlich wird ersichtlich, dass jedes Referenzmodell einen eigenen Fokusbereich hat. So folgt FIWARE dem Paradigma eines zentralisierten Cloud-Ansatzes und setzt stark auf die Entwicklung und Verwendung neuer Dienste auf Ebene der Anwendungsschicht. RERUM folgt für die Nutzung im SmartCity-/SmartHome-Bereich dem dezentralen Edge-Computing-Ansatz und legt einen starken Fokus auf die dort eingesetzten Sensor- und Edge-Geräte. FIWARE konzentriert sich dabei auf die oberen Schichten des Architekturmodells und vernachlässigt die physikalische Schicht und die Netzwerkschicht, wie zusammengefasst in Tabelle 2 ersichtlich wird. RERUM hingegen legt den Fokus auf die unteren Architekturschichten, stellt jedoch nur rudimentäre Schnittstellen für die Implementierung von Applikationen bereit und bietet wenige Werkzeuge zu deren Entwicklung und Orchestrierung – die Anwendungsschicht wird damit nur bedingt abgedeckt. Beide Modelle lassen die Kollaborationsschicht außen vor und bieten lediglich Schnittstellen zur Anbindung von externen Geschäftsanwendungen. Dabei decken beide Modelle alle funktionalen Komponenten eines IoT-Frameworks, wie die Konnektivität bzw. Analyse von Diensten, Daten, Prozessen und Geräten und deren Verwaltung, sowie die Implementierung von Werkzeugen und Schnittstellen zur Datenübertragung zu externen Diensten vollumfänglich ab (siehe Kapitel 4.1). Ebenfalls werden beide Modelle allen Kriterien einer IoT-Architektur gerecht, wie etwa einer Unterstützung von heterogenen Umgebungen, einer geschlossenen Ende-zu-Ende-Sicht, einer dynamischen Geräte- und Datenverwaltung und der Implementierung von Sicherheitsrichtlinien (siehe Kapitel 2.3).

Zum besseren Verständnis der in beiden Modellen umgesetzten datenschutz- und sicherheitsrelevanten Aspekten werden die einzelnen Architekturschichten betrachtet. Bei fehlender Implementierung einer Schicht kann auf eine nicht erfolgte Umsetzung der dort angesiedelten sicherheitsrelevanten Anforderung geschlossen werden. In der Übersichtstabelle stellt das „✓"-Symbol die erfolgte, das „✗"-

Symbol eine nicht erfolgte Implementierung der Schicht innerhalb des Architekturmodells dar.

	IoT-Architekturmodelle	
Architekturschichten	FIWARE	RERUM
Kollaborationsschicht		
Integration von Geschäftsanwendungen	✗	✗
Anwendungsschicht		
Visualisierung	✓	✓
Entwicklungsumgebung	✓	✗
Serviceschicht		
Service-Orchestrierung	✓	✗
Erweiterte Analyse	✓	✓
Abstraktionsschicht		
Event- & Aktionsverwaltung	✓	✓
Basis-analyse	✓	✓
Datenschicht		
Datenspeicher/Datenbank	✓	✓
Prozessschicht		
Geräteverwaltung	✓	✓
Edge-Analytics	✓	✓
Netzwerkschicht		
Konnektivitäts- & Netzwerkmodule	✗	✓
Edge-Gateway (HW-basiert)	✗	✓
Physikalische Schicht		
Betriebssystem	✗	✓
Module & Treiber	✗	✓
Firmware	✗	✓

Tabelle 2: Ausgewählte IoT-Referenzmodelle und deren Architekturschichten, Quelle: In Anlehnung an Gluhak (2016): S. 63.

8.2 Umsetzung der datenschutz- & sicherheitsrelevanten Anforderungen

Der differenzierte Anwendungsfokus der gewählten Modelle spiegelt sich ebenfalls bei der Umsetzung der datenschutz- und sicherheitsrelevanten Anforderungen innerhalb der Architektur wider. So werden von beiden Modellen nicht alle Architekturschichten betrachtet und damit auch nicht alle Sicherheitsanforderungen vollumfänglich umgesetzt. RERUM bietet, wie in Tabelle 3 zusammengefasst, dennoch eine umfänglichere Implementierung der Anforderungen. Beide Modelle sind sehr abstrakt gehalten und geben Rahmenbedingungen zur Planung vor, die tatsächliche Umsetzung und Implementierung bleibt jedoch den Architekten überlassen. Die folgende Tabelle fasst die gewonnenen Erkenntnisse aus Kapitel 7 über die implementierten Sicherheitsanforderungen der einzelnen Architekturen zur besseren Übersicht zusammen. Dabei stellt das „+"-Symbol eine erfolgte, das „o"-Symbol eine partielle und das „-"-Symbol eine nicht erfolgte Implementierung der relevanten Faktoren innerhalb der Architektur dar.

	IoT-Architekturmodelle	
Anforderungen	**FIWARE**	**RERUM**
ROBUSTHEIT		
Ausfälle	o	+
Fehler	o	+
Flexibilität	o	+
Manipulationswiderstand	-	+
NETZWERKSICHERHEIT		
Authentizität	o	+
Integrität	o	+
Verfügbarkeit	-	+
Verschlüsselung	o	+
IDENTITÄTS- & ZUGRIFFSVERWALTUNG		
Authentifizierung	+	+
Autorisierung	+	+
Berechtigung	+	+
Rechteentzug	o	+
DATEN- & INFORMATIONSSCHUTZ		
Anonymität	+	+
Datenschutz	o	o

	IoT-Architekturmodelle	
Informationsschutz	+	+
Verfolgbarkeit	+	+
Pseudonymisierung	o	o
Self-Service	o	+
VERTRAULICHKEIT		
Daten	+	+
Dienste	+	o
Entitäten	+	+
Geräte	o	+

Tabelle 3: Ausgewählte IoT-Referenzmodelle und deren Sicherheitsanforderungen, Quelle: In Anlehnung an Vasilomanolakis et al. (2015).

9 Fazit

Auch mit starkem Fokus der ausgewählten Referenzmodelle auf datenschutz- und sicherheitsrelevante Anforderungen sind diese nicht in der Lage, alle Aspekte und Faktoren im Detail abzudecken. Dies ist teilweise den unterschiedlichen Anwendungsfeldern geschuldet, in denen sie zum Einsatz kommen. Die noch unerfüllten Anforderungen wurden von den Projekten FIWARE und RERUM jedoch erkannt und sollen teilweise in zukünftigen Versionen verbessert oder umgesetzt werden.[213]

Um jedoch eine vollumfängliche Ende-zu-Ende-Sicherheitslösung für IoT gewährleisten zu können, müssen nicht nur die Architekturmodelle, sondern auch alle beteiligten Hard- und Softwarekomponenten sowie die Konnektivitätsmodule und -netzwerke betrachtet werden.[214] Auch eine bestens architektonisch abgesicherte Middleware- und Cloud-Komponente ist nutzlos, wenn die Firmware der Geräte gravierende Schwachstellen und Lücken vorweist und Einfallstore für Infiltrierungen bieten, wie es heute leider noch oft der Fall ist. Hier sollten Hersteller von IoT-Hardwaregeräten in Zukunft für die Themen Datenschutz und Sicherheit sensibilisiert werden.[215]

Auch werden Dienste zur Steigerung der Wertschöpfung oftmals von Geräteherstellern über eigene IoT-Plattformen angeboten, wobei die Betreiber keine Informationen über die genutzte Architektur, den Umsetzungsgrad der datenschutz- und sicherheitsrelevanten Anforderungen, den Standort und die Lagerung sowie die Verarbeitung und Weitergabe der Daten an Dritte preisgeben. Hier können genutzte Applikationen auf Anwendungsebene große datenschutzrechtliche Schwachstellen aufweisen und Anwender einer Datensammlung des anbietenden Unternehmens zum Teil schutzlos ausliefern.[216] Eine internationale Standardisierung würde hier großen Fortschritt in Bezug auf datenschutz- und sicherheitsrelevante Absicherung der eigenen Daten bedeuten.[217]

Auch die Nutzung von standardisierten Kommunikationsnetzwerken sollte den Sicherheitsanforderungen für IoT entsprechen und in Zukunft angepasst werden.

---

[213] Vgl. FIWARE (2017d); FIWARE (2017e); RERUM (2017).
[214] Vgl. Kumar et al. (2016).
[215] Vgl. Yue et al. (2015).
[216] Vgl. Malina et al. (2016).
[217] Vgl. Cavalcante et al. (2015).

Deshalb ist es umso wichtiger, Standardisierungen über alle Ebenen hinweg mit hohen qualitativen und sicherheitskritischen Anforderungen zu implementieren und global einzusetzen. Dies wurde auch von den großen und führenden technischen internationalen Gremien wie IEEE,[218] oneM2M,[219] W3C[220] und AIOTI[221] erkannt und Ende 2016 für den Bereich IoT initiiert.[222] Ebenfalls sollen die Anforderungen von IoT mit der Entwicklung der neuen mobilen 5G-Netzwerke durch die NGMN (Next Generation Mobile Networks Alliance)[223] und die EU mittels des 5G-Manifestes, bestehend aus zahlreichen EU-Unternehmen aus dem Bereich der Telekommunikation, in das neue mobile Kommunikationsnetzwerk mit aufgenommen werden. Um auch den zukünftigen Anforderungen im Bereich IoT gerecht zu werden, sollen von IoT-Geräten genutzte Protokolle für eine direkte M2M-Kommunikation ebenso implementiert werden wie die Wiedereinführung von stromsparenden Narrowband-Frequenzen und die Nutzung von höheren Datenraten durch die gleichzeitige Verwendung größerer Frequenzbänder. Außerdem sollen Protokolle für die Gewährleistung von Sicherheitsstandards zur Authentifizierung und Verschlüsselung des Datenverkehrs über mobile Netzwerke implementiert werden, was bis heute leider noch nicht der Fall ist. Jegliche Datenübertragung über die heutigen mobilen Netzwerkstandards wie 4G – sofern nicht gesondert, wie bspw. über Ende-zu-Ende-Verschlüsselung abgesichert – erfolgt komplett unverschlüsselt.[224]

Erschwerend hinzu kommt die weltweite Verteilung der Hersteller von Geräten, Plattformen und Diensten im IoT-Umfeld, die teilweise stark unterschiedlichen nationalen Datenschutzrichtlinien unterliegen. Hier sind die Anbieter von großen kommerziellen und häufig eingesetzten IoT-Infrastrukturen wie Amazon AWS IoT,[225] Microsoft Azure IoT Suite,[226] IBM Watson IoT[227] oder Bosch IoT Suite[228]

---

[218] Vgl. IEEE (2017).

[219] Vgl. OneM2M (2017).

[220] Vgl. W3C (2017).

[221] Vgl. AIOTI (2017).

[222] Vgl. Murdock, P. (2016).

[223] Vgl. NGMN (2017).

[224] Vgl. Patterson et al. (2016).

[225] Vgl. Amazon (2017).

[226] Vgl. Microsoft (2017a).

[227] Vgl. IBM (2017).

[228] Vgl. Bosch (2017).

gleichermaßen in der Pflicht, eine Standardisierung und Zertifizierung von Geräten und Diensten anzubieten, um einen einheitlichen international gewährleisteten Qualitätsstandard erreichen zu können.[229] Microsoft bietet dabei schon eine Zertifizierung von IoT-Geräten für seine Plattform an.[230] Zertifizierungsmechanismen zur Sicherheitsüberprüfungen für Dienste im IoT-Umfeld werden leider bis dato von keinem der oben aufgeführten Anbieter von IoT-Plattformen bereitgestellt.[231]

In der Gesamtheit betrachtet, wurden die Anforderungen an Datenschutz und Sicherheit für IoT auf wirtschaftlicher und wissenschaftlicher Ebene erkannt und erste Schritte in die richtige Richtung für eine gemeinsame Entwicklung von Standards eingeleitet. Jedoch ist es noch ein weiter Weg, bis diese Standardisierungen umgesetzt und später auch in den einzelnen technologischen Bausteinen implementiert sind, sodass eine verlässliche und sichere Nutzung dieses neuen Technologiemodells über alle Komponenten hinweg gewährleistet werden kann. Da wir jedoch erst am Anfang der Nutzung stehen und Erfahrungen beim Umgang mit IoT sammeln müssen, überrascht es nicht, dass nicht alle Aspekte in vollem Umfang umgesetzt sind. Jedoch sollten die mit vorangegangenen Internet-Technologien gemachten Fehler vermieden werden, da für die Zukunft von einem immer stärkeren Wachstum des neuen Technologiemodells ausgegangen werden kann, welches uns – bei richtiger Nutzung – erhebliche Vorteile und Potentiale durch Automatisierung und Überwachung aller „Dinge" in unserem täglichen Leben bietet.

---

[229] Vgl. Vermesan et al. (2015): S. 82.

[230] Vgl. Microsoft (2017b).

[231] Vgl. Amazon (2017); Bosch (2017); IBM (2017); Microsoft (2017a); Microsoft (2017b).

Literaturverzeichnis

Abomhara, M.; Koien, G.M. (2014): Security and Privacy in the Internet of Things: Current Status and Open Issues; IEEE; 2014

Atamli, A.W.; Martin, A. (2014): Threat-based Security Analysis for the Internet of Things; IEEE; 2014; S. 35 – 43

Babar, S.; Mahalle, P.; Stango, A.; Prasad, N.; Prasad, R. (2010): Proposed Security Model and Threat Taxonomy for the Internet of Things (IoT); CNSA; 2010; S. 420 – 429

Bandyopadhyay, D.; Sen, J. (2011): Internet of Things: Applications and Challenges in Technology and Standardization; Wireless Personal Communication Journal 58; 2011; S. 49 – 69

Bitcom (2014): Big-Data-Technologien – Wissen für Entscheider; Bundesverband Informationswissenschaft, Telekommunikation und neuere Medien e.V.; 2014

Cavalcante, E.; Alves, M.P.; Batista, T.; Delicato, F.C.; Pires, P.F. (2015): An Analysis of Reference Architectures for the Internet of Things; Montreal: AEC; 2015

Desertot, M.; Escoffier, C.; Donsez, D. (2007): Towards an autonomic approach for edge computing; Wiley InterScience; 2007; S. 1901 – 1916

Dig, D.; Johnson, R. (2006): How do APIs evolve? A story of refactoring; Journal of Software maintenance and evolution: research and Practice; John Wiley & Sons; 2006; S. 1 - 26

Farina, P.; Cambiaso, E.; Papaleo, G.; Aiello, M. (2015): Understanding DDoS Attacks from Mobile Devices; IEEE; 2015; S. 614 – 619

Gazis, V.; Görtz, M.; Huber, M.; Leonardi, A.; Mathioudakis, K.; Wiesmaier, A.; Zeiger, F.; Vasilomanolakis, E. (2015): A Survery of Technologies for the Internet of Things; IEEE; 2015; S. 1090 - 1095

Gendron, M.S. (2014): Business Intelligence and the Cloud: Strategic Implementation Guide; Hoboken: John Wiley & Sons; 2014

Gluhak, A.; Vermesan, O.; Bahr, R.; Clari, F.; MacchiaMaria, T.; Delgado, T.; Hoeer, A.; Bösenberg, F.; Senigalliesi, M.; Barchetti, V. (2016): Report on IoT platform activities; H2020 Work Programme: Internet of Things and Platforms for Connected Smart Objects; 1. Auflage; 2016

Granjal, J.; Monteiro, E.; Silva, J.S. (2015): Security for the Internet of Things: A Survey of Existing Protocols and Open Research Issues; IEEE Communications Surveys & Tutorials; 2015; S. 13 – 16

Hu, F. (2016): Security and Privacy in Internet of Things (IoTs). Models, Algorithms and Implementations; Broken Sound Park: Taylor & Francis Group; 2016

Jing, Q.; Vasilakos, A.V.; Wan, J.; Lu, J.; Qiu, D. (2014): Security of the Internet of Things: perspectives and challenges; New York: Springer Media; 2014; S. 1 - 21

Kozlov, D.; Veijalainen, J.; Ali, Y. (2012): Security and Privacy in IoT Architectures; ACM; 2012; S. 256 – 262

Kum, S.W.; Moon, J.; Lim, T.; Park, J.I. (2015): A Novel Design of IoT Cloud Delegate Framework to Harmonize Cloud-Scale IoT Services; IEEE; 2015; S. 247 – 248

Kumar, S. A.; Vealey, T.; Srivastava, H. (2016): Security in Internet of Things: Challenges, Solutions and Future Directions; IEEE; 2016; S. 5772 – 5781

Mäkinen, O. (2015): Streaming at the Edge; IEEE; 2015; S. 1 – 6

Malina, L.; Hajny, J.; Fujdiak, R.; Hosek, J. (2016): On perspective of security and privacy-preserving solutions in the internet of things; Computer Networks; 2016; S. 83 – 95

Minerva, R.; Biru, A.; Rotondi, D.; Engels, D.W. (2015): IEEE Internet of Things – Towards a definition of the Internet of Things (IoT); Auflage 1; IEEE Internet Initiative; 2015

Moldovan, G.; Tragos, E.Z.; Fragkiadakis, A.; Pöhls, H.C.; Calvo, D. (2016): An IoT middleware for enhanced security and privacy: the RERUM approach; IFIP International Conference on New Technologies, Mobility and Security; 2016; S. 1 - 5

Murdock, P. (2016): Semantic Interoperability for the Web of Things; ResearchGate; 2016; S. 1 - 19

Ouaddah, A.; Mousannif, H.; Elkalam, A.A.; Ouahman, A.A. (2017): Access control in the Internet of Things: Big challenges and new opportunities; Computer Networks 112; Science Direct; 2017; S. 237 – 262

Patterson, G.; Höttges, T.; Vestberg, H.; Salbaing, C.; Pearce, R.; Suri, R.; Richard, S.; Leroy, D.; Blok, E.; Sabbagh, K.M.; Kirkby, A.; Cattaneo, F.; Alvarez-Pallete, J.M.; Plater, A.; Brekke, S.; Dennelind, J.; Colao, V. (2016): 5G Manifesto for timely deployment of 5G in Europe; 5G Manifesto Group; 2016; S. 1 - 7

Pena-Lopez, I. (2005): ITU Internet Reports 2005: The Internet of Things – Executive Summary; Genf; 2005

Roman, R.; Najera, P.; Lopez, J. (2011): Securing the Internet of Things; IEEE; 2011; S. 51 – 58

Schrickte, L.F.; Montez, C.; de Oliveira, R.; Pinto, A.R. (2014): Integration of Wireless Sensor Networks to the Internet of Things using a 6LoWPAN Gateway; IEEE; 2014; S. 119 – 124

Sendler, U.; Anderl, R.; Dumitrescu, R.; Eigner, M.; Ganz, C.; Huber. A.S.; Michels, J.S.; Rückert, T.; Shubin, T.; Stark, R.; Zhi, P. (2016): Industrie 4.0 grenzenlos; 1. Auflage; Berlin, Heidelberg: Springer Vieweg; 2016

Sethi, P.; Sarangi, S.R. (2017): Internet of Things: Architectures, Protocols and Applications; Journal of Electrical and Computer Engineering; 2017; S. 1 – 25

Singh, S.; Singh, N. (2015): Internet of Things (IoT): Security Challenges, Business Opportunities & Reference Architecture for E-Commerce; IEEE; 2015; S. 1577 – 1581

Stackowiak, R.; Licht, A.; Mantha, V.; Nagode, L. (2015): Big Data and the Internet of Things; 1. Auflage; New York: Springer Science & Business Media; 2015

Sun, S.-T.; Beznosov, K. (2012): The Devil is in the (Implementation) Details: An Empirical Analysis of OAuth SSO Systems; ACM conference on Computer and communications security; 2012; S. 378 – 390

Suo, H.; Wan, J.; Zou, C.; Liu, J. (2012): Security in the Internet of Things: A Review; IEEE; 2012; S. 648 – 651

Tanenbaum, A.S.; Wetherall, D.J. (2014): Computer Networks; 5. Auflage; Edinburgh: Pearson Education Limited; 2014

Tragos, E. (2015): RERUM Deliverable D2.5 – Final System Architecture; RERUM FP7-ICT-609094; 2015

Uckelmann, D.; Harrison, M.; Michahelles, F. (2011): Architecting the Internet of Things; 1. Auflage; Berlin, Heidelberg: Springer-Verlag; 2011

Vasilomanolakis, E.; Daubert, J.; Luthra, M.; Gazis, V.; Wiesmaier, A.; Kikiras, P. (2015): On the Security and Privacy of Internet of Things Architectures and Systems; IEEE; 2015; S. 49 – 57

Vermesan, O.; Friess, P.; Guillemin, P.; Gusmeroli, S.; Sundmacker, H.; Bassi, A.; Jubert, I.S.; Mazura, M.; Harrison, M.; Eisenhauer, M.; Doody, P. (2011): Internet of Things Strategic Roadmap; in Internet of Things: Global Technological and Societal Trends; 2011; S. 9 – 52

Vermesan, O.; Friess, P. (2015): Building the Hyperconnected Society. IoT Research and Innovation Value Chains, Ecosystems and Markets; Aalborg: River Publishers; 2015

Yue, Z.; Sun, W.; Li, P.; Rehman, M.U.; Yang, X. (2015): Internet of Things: Architecture, Technology and Key Problems in Implementation; IEEE; 2015; S. 1298 – 1302

Yuqiang, C.; Jianlan, G.; Xuanzi, H. (2010): The research of Internet of things supporting technologies wich face the logistics industry; IEEE Computer Society; 2010; S. 659 – 663

Weychert, M.; Ebert, C. (2016): Reference Architectures for the Internet of Things; IEEE Software; 2016; S. 112 – 116

Xiaohui, X. (2013): Study on Security Problems and Key Technologies of The Internet of Things; IEEE; 2013; S. 407 – 410

Internetquellen

AIOTI (2017): Alliance for Internet of Things Innovation (ohne Datum); Quelle: https://aioti.eu/; (Zugriff: 12-08-2017, 21:39 MEZ)

Amazon (2017): Amazon Web Services – Internet of Things (ohne Datum); Quelle: https://aws.amazon.com/de/iot/; (Zugriff: 12-08-2017, 17:12 MEZ)

ARD/ZDF-Onlinestudie (2016): 84 Prozent der Deutschen sind online – mobile Geräte sowie Audios und Videos mit steigender Nutzung (2016-10-12); Quelle: http://www.ard-zdf-onlinestudie.de/fileadmin/Onlinestudie_2016/PM_ARD-ZDF-Onlinestudie_2016-final.pdf; (Zugriff: 08-05-2017, 11:38 MEZ)

Ashton, K. (2009): That „Internet of Things" Thing (2009-06-22); Quelle: http://www.rfidjournal.com/articles/view?4986; (Zugriff: 08-05-2017, 15:03 MEZ)

Bosch (2017): Bosch IoT Suite (ohne Datum); Quelle: https://www.bosch-si.com/de/iot-plattform/bosch-iot-suite/homepage-bosch-iot-suite.html; (Zugriff: 12-08-2017, 17:15 MEZ)

Brandt, M. (2014): Internet of Things wird bis 2020 alltäglich (2014-11-12); Quelle: https://de.statista.com/infografik/2937/mit-dem-internet-of-things-verbundenen-geraete/; (Zugriff: 08-05-2017, 15:57 MEZ)

CRYSTAL (2017): Critical System Engineering Acceleration (ohne Datum); Quelle: http://www.crystal-artemis.eu/; (Zugriff: 12-08-2017, 21:37 MEZ)

European Commission (2017a): Research & Innovation – FP7 (ohne Datum); Quelle: https://ec.europa.eu/research/fp7/index_en.cfm; (Zugriff: 12-08-2017, 21:33 MEZ)

European Commission (2017b): Research & Innovation – HORIZON 2020 (ohne Datum); Quelle: http://ec.europa.eu/programmes/horizon2020/; (Zugriff: 12-08-2017, 21:35 MEZ)

Evans, D. (2011): The Internet of Things – How the Next Evolution of the Internet is Changing Everything (2011-04-01); Quelle: https://www.cisco.com/c/dam/en_us/about/ac79/docs/innov/IoT_IBSG_0411FINAL.pdf; (Zugriff: 08-05-2017, 15:43 MEZ)

FIWARE (2015a): FIWARE.Feature.I2ND.Kiara.RPCJavaSecurity.Encryption (2015-04-16); Quelle: https://forge.fiware.org/plugins/mediawiki/wiki/fiware/index.php/FIWARE.Feature.I2ND.Kiara.RPCJavaSecurity.Encryption; (Zugriff: 18-06-2017, 09:41 MEZ)

FIWARE (2015b): FIWARE.ArchitectureDescription.IoT.Gateway.DataHandling.Api (2015-06-01); Quelle: https://forge.fiware.org/plugins/mediawiki/wiki/fiware/index.php/FIWARE.ArchitectureDescription.IoT.Gateway.DataHandling.Api; (Zugriff: 30-06-2017, 15:12 MEZ)

FIWARE (2016a): Internet of Things (IoT) Services Enablement Architecture
(2016-05-12); Quelle:
https://forge.fiware.org/plugins/mediawiki/wiki/fiware/index.php/Inte
rnet_of_Things_(IoT)_Services_Enablement_Architecture; (Zugriff: 26-06-
2017, 15:23 MEZ)

FIWARE (2016b): FIWARE.OpenSpecification.Data.CEP_R5 (2016-08-22);
Quelle:
http://forge.fiware.org/plugins/mediawiki/wiki/fiware/index.php/FIWA
RE.OpenSpecification.Data.CEP_R5; (Zugriff: 30-06-2017, 15:44 MEZ)

FIWARE (2016c): FIWARE.OpenSpecification.Data.ContextBroker_R5 (2016-
08-26); Quelle:
http://forge.fiware.org/plugins/mediawiki/wiki/fiware/index.php/FIWA
RE.OpenSpecification.Data.ContextBroker_R5; (Zugriff: 30-06-2017, 01:23
MEZ)

FIWARE (2016d): FIWARE I2ND Architecture (2016-09-01); Quelle:
https://forge.fiware.org/plugins/mediawiki/wiki/fiware/index.php/I2N
D_Architecture; (Zugriff: 25-06-2017, 19:38 MEZ)

FIWARE (2016e): FIWARE Security Architecture (2016-09-16); Quelle:
https://forge.fiware.org/plugins/mediawiki/wiki/fiware/index.php/Secu
rity_Architecture; (Zugriff: 28-06-2017, 13:26 MEZ)

FIWARE (2016f): FI-
WARE.OpenSpecification.IoT.Backend.DeviceManagement_R5 (2016-10-
05); Quelle:
https://forge.fiware.org/plugins/mediawiki/wiki/fiware/index.php/FIW
ARE.OpenSpecification.IoT.Backend.DeviceManagement_R5; (Zugriff: 30-
06-2017, 08:37 MEZ)

FIWARE (2016g): FIWARE.OpenSpecification.Security.IdentityManagement
(2016-10-10); Quelle:
http://forge.fiware.org/plugins/mediawiki/wiki/fiware/index.php/FIWA
RE.OpenSpecification.Security.IdentityManagement; (Zugriff: 28-06-2017,
16:43 MEZ)

FIWARE (2016h): FIWARE.OpenSpecification.Security.PEPProxy (2016-10-10); Quelle: http://forge.fiware.org/plugins/mediawiki/wiki/fiware/index.php/FIWARE.OpenSpecification.Security.PEPProxy; (Zugriff: 30-06-2017, 07:58 MEZ)

FIWARE (2016i): FIWARE.OpenSpecification.Security.AuthorizaionPDP (2016-10-10); Quelle: http://forge.fiware.org/plugins/mediawiki/wiki/fiware/index.php/FIWARE.OpenSpecification.Security.AuthorizationPDP; (Zugriff: 28-06-2017, 16:02 MEZ)

FIWARE (2016j): FIWARE Context Management Architecture (2016-10-26): Quelle: https://forge.fiware.org/plugins/mediawiki/wiki/fiware/index.php/Data/Context_Management_Architecture; (Zugriff: 30-06-2017, 17:05 MEZ)

FIWARE (2016k): FIWARE Architecture (2016-12-13); Quelle: https://forge.fiware.org/plugins/mediawiki/wiki/fiware/index.php/FI-WARE_Architecture; (Zugriff: 26-06-2017, 10:28 MEZ)

FIWARE (2017a): FIWARE (2017-08-12); Quelle: https://www.fiware.org/; (Zugriff: 28-06-2017, 15:48 MEZ)

FIWARE (2017b): FIWARE City Map (2015-03-06); Quelle: https://forge.fiware.org/plugins/mediawiki/wiki/fiware/images/thumb/7/77/Fiware-citymap.jpg/800px-Fiware-citymap.jpg; (Zugriff: 12-08-2017, 21:50 MEZ)

FIWARE (2017c): FIWARE Release Summary R5 (2017-02-15); Quelle: https://forge.fiware.org/plugins/mediawiki/wiki/fiware/index.php/Release_Summary_R5; (Zugriff: 16-06-2017, 13:26 MEZ)

FIWARE (2017d): FIWARE Roadmap of Security (2017-06-08); Quelle: http://forge.fiware.org/plugins/mediawiki/wiki/fiware/index.php/Roadmap_of_Security; (Zugriff: 29-08-2017, 15:46 MEZ)

FIWARE (2017e): FIWARE GitHub (ohne Datum): Quelle: https://github.com/Fiware; (Zugriff: 29.08.2017, 15:39 MEZ)

Future Internet (2017): European Future Internet Portal (ohne Datum); Quelle: http://future-internet.eu/; (Zugriff: 26-05-2017, 11:15 MEZ)

FI-PPP (2014): Future Internet PPP (ohne Datum); Quelle: https://www.fi-ppp.eu/; (Zugriff: 26-05-2017, 11:13 Uhr)

HP (2014): Internet of Things Security Study: Smartwatches (ohne Datum); Quelle: http://go.saas.hpe.com/fod/internet-of-things; (Zugriff: 09-05-2017, 14:25 MEZ)

IBM (2017): IBM Watson Internet of Things (ohne Datum); Quelle: https://www.ibm.com/internet-of-things/; (Zugriff: 12-08-2017, 17:18 MEZ)

IEEE (2017): IEEE Standards Association (ohne Datum); Quelle: http://standards.ieee.org/; (Zugriff: 12-08-2017, 15:46 MEZ)

IETF (2017): The Internet Engineering Task Force (ohne Datum); Quelle: https://www.ietf.org/; (Zugriff: 28-06-2017, 09:33 MEZ)

IoT-ARM (2017): IoT-ARM (ohne Datum); Quelle: https://iot.do/arm; (Zugriff: 01-07-2017, 15:36 MEZ)

IOTG (2017): Internet of Things Working Group (ohne Datum); Quelle: https://cloudsecurityalliance.org/group/internet-of-things/#_overview; (Zugriff: 06-06-2017, 18:50 MEZ)

Microsoft (2017a): Azure IoT Suite (ohne Datum): Quelle: https://www.microsoft.com/en-us/internet-of-things/azure-iot-suite; (Zugriff: 12-08-2017, 17:12 MEZ)

Microsoft (2017b): Azure IoT Device Catalog (ohne Datum); Quelle: https://catalog.azureiotsuite.com/; (Zugriff: 12-08-2017, 17:11 MEZ)

Morton, R.; Barth, T. (2017): Most Recent Security Report (2017-02-14); Quelle: https://www.akamai.com/us/en/about/news/press/2017-press/akamai-releases-fourth-quarter-2016-state-of-the-internet-security-report.jsp; (Zugriff: 08-05-2017, 16:59 MEZ)

NFC Forum (2017): NFC – About the Technology (ohne Datum); Quelle: https://nfc-forum.org/what-is-nfc/about-the-technology/; (Zugriff: 23-08-2017: 15:42 MEZ)

NGMN (2017): NGMN – Next Generation Mobile Networks (ohne Datum); Quelle: https://www.ngmn.org/home.html; (Zugriff: 12-08-2017, 17:38 MEZ)

OneM2M (2017): OneM2M – Standards for M2M and the Internet of Things (ohne Datum); Quelle: http://www.onem2m.org/; (Zugriff: 12-08-2017, 16:01 MEZ)

OpenIoT EU Project (2015): Open Source Blueprint for large scale self-organizing cloud environments for IoT applications (2015-02-28); Quelle: http://cordis.europa.eu/project/rcn/101534_en.html; (Zugriff: 26-05-2017, 10:33MEZ)

Owano, N. (2012): Team Prosecco dismantles security tokens (2012-06-27); Quelle: https://phys.org/news/2012-06-team-prosecco-dismantles-tokens.html; (Zugriff: 23-08-2017, 16:43 MEZ)

Pöhls, H.C.; Angelakis, V.; Tragos, E.Z. (2014): RERUM – On-device intelligence for a better IoT (2014-02-02); Quelle: https://www.eurescom.eu/news-and-events/eurescommessage/eurescom-message-2-2014/rerum-on-device-intelligence-for-a-better-iot.html (Zugriff: 20-06-2017, 17:14 MEZ)

RERUM (2017): RERUM Deliverables (ohne Datum); Quelle: https://ict-rerum.eu/publications/deliverables/; (Zugriff: 29-08-2017, 15:43 MEZ)

Rivera, J.; van der Meulen, R. (2014): Gartner says 4.9 Billion Connected „Things" Will Be Used in 2015 (2014-11-11); Quelle: https://www.gartner.com/newsroom/id/2905717; (Zugriff: 08-05-2017, 16:07 MEZ)

Turner, D.M. (2016): What is Key Management? A CISO Perspective (2016-02-21); Quelle: https://www.cryptomathic.com/news-events/blog/what-is-key-management-a-ciso-perspective; (Zugriff: 23-08-2017, 15:51 MEZ)

W3C (2017): World Wide Web Consortium (ohne Datum); Quelle: https://www.w3.org/; (Zugriff: 12-08-2017, 16:07 MEZ)